脱原発区長はなぜ得票率67%で再選されたのか?

保坂展人

はじめに

２０１５年４月26日。私の選挙事務所は、明るい空気が満ちていました。開票特別番組では「注目選挙区・出口調査」で相手候補を大きく上回っていることが伝えられ、「当選確実」の瞬間を待ちました。

その間、私の膝《ひざ》には短髪の小学校２年生ぐらいの男の子がちょこんと乗っていました。「お孫さんですか？」と聞かれましたが、ボランティアに来ていたお母さんの連れてきた子だったようです。

選挙が始まり、区役所前で第一声に出る時も、子どもたちと自然に手をつないで、歩きました。ちょうど、子育て真っ最中のお母さんたちが数多く手伝ってくれたので、子どもたちがいつも近くにいる選挙でした。

きわめつけは、団地の一角に宣伝カーを停めて演説を始めた時のことです。学校帰りの小学校５年生の子どもたちが６人、足を止めて聴衆となってくれたのです。

マイクを握る私の目の前には、子どもたちしかいない、そんな選挙演説は初めての経験でした。「学校楽しいかい？」「友達と仲良くやってね」等、私の子どもの頃のドリフターズの番組のような話になってしまいました。

どこに行っても、演説する私の前で、お母さんたちに連れられた子どもたちが、はしゃいでいます。「ねえ、ねえ、手をつないでもいいんだよ」と子ども同士で話している声も聞こえました。この子たちが成長して少年少女となり、やがて18歳になって選挙権を得る時の日本は、はたしてどんな国になっているでしょうか…… 子どもはかわいいけど、責任も重いなあと感じながらマイクを握っていたことを覚えています。

私は、2期目へむかう世田谷区長選挙で、19万6068票をいただき、相手候補にダブルスコアの差をつけて再選されました。

東京都最大の自治体で、「脱原発・エネルギー転換」を正面から掲げながら、どうやって大差で勝つことができたのか？

この正面からの問いかけに私なりに答えたのが、『SIGHT』63号（ロッキング・オン）に掲載された渋谷陽一さんによるインタビューでした。読者からの反響があり、「その先をもっと話してくれ」という声もあちこちからありました。

そこで、渋谷さんに、3回にわたりインタビューを続けてもらいました。2期目の世田谷区長選挙に始まり、1期目の区政での政策づくりの日々、そして国会議員としての仕事、さらにジャーナリスト時代へとさかのぼり、最後には「中学生の自分」を語っています。

ふだんの私は、前へ、前へと忙しく動いていて、過去をふり返るいとまは、ほとんどない日々を過ごしています。今回のロングインタビューによって、気恥ずかしいほどに、記憶の深層に長い間しまったままにしていた場面や、忘れていたエピソードをいくつも思い出しました。

本書を読み返してみると、遠い過去から始まって、現在まで連続してつながっている太い糸がありました。絶望的な状況に追い詰められても悲観的にならない「前向きな姿勢」と、暗闇の中でも針1本しか通らない小さな穴から差し込んでくる、一条の光をとらえて前に出ようとする「未来への信頼」だったのでしょうか。

私は20代前半で、教育ジャーナリストとなり、子どもたちに理解できる言葉で、「きっと伝わる」という思いを込めて「元気印」というキャッチフレーズを使った連載を芸能誌『明星』で始めました。子どもたちの反響の結果は「YES!」でした。数百通の手紙が編集部に届き、記事アンケートでも上位となりました。

「せたがやYES!」が、再選された選挙の合言葉でした。未来に向けた架け橋を準備する時に、私たちのかけ声は、「NO」ではなく「YES」なのか。政治の言葉への信頼が揺らいでいるからこそ、「責任ある温かさ」と「未来への信頼」について、語り始めたいと思います。

保坂展人

2015年4月19日、世田谷区長選挙の選挙活動中

保坂のぶと

目次

第3章 今の自分の原点には「中学生の自分」がいる

第1章

3・11後の危機感が、私を区長選挙に導いた。そして、「脱原発」の実践が、私に「せたがやYES!」と言わせた

相手は大きな組織、こちらは組織はないに等しい状態でした

２０１５年４月に、私は２期目をかけた世田谷区長選挙に立候補しました。投票結果は、自民党、公明党が推薦した候補者に２倍の差をつけての再選でした（保坂展人19万６０６８票　次点候補９万６４１６票）。この結果には、私自身も正直驚きました。

というのも、相手は大きな組織です。一方、こちらは小さなグループはありますが、組織はないに等しい状態です。そもそも世田谷区は、自民党の支持率は比較的高い地域でした。現職区長としてのアドバンテージはあるかもとは思っていましたが、２倍の大差とは選挙前の予想を超えていました。

そもそも区長選挙というのは期間が１週間しかないんですよ。選挙運動は、４月19日の日曜日に始まって４月25日の土曜日に終わるんですが、選挙戦の後半ぐらいから街頭演説で人の集まりがずいぶん良くなった。たまたま期日前投票所の近くで演説していると、週末の木曜や金曜になると、「今、あなたに投票してきたところだよ」と言ってくれる人が

わざわざ私に握手を求めたり、続々と声をかけてくれるようになりました。

選挙戦において、相手候補を立てた陣営はキャンペーンをはりました。「われわれは都や国と直結しています。国政も与党だし、都政も与党です。世田谷区だけ区長がそうじゃなくていいいんですか？」と区民に呼びかけていました。そして、国政与党の推薦する候補が現職である保坂区長に総力で挑み、猛追しているとの情報を出してきたんです。そこにメディアも乗っかって「世田谷区長選挙、激戦」と報じたんですね。

私たちの陣営としては、口コミレベルではどんどん感触が良くなっているので、最終的には引き離せるんじゃないかと一生懸命がんばっていたんですが、マスコミは「激戦」と煽《あお》るものだから、応援してくれる人たちの草の根レベルではさらに危機感が増すことになって、「これは大変だ」と、みなさんが自発的に声をかけ、投票を促すように盛り上がってくれたんですよ。結果的に、相手側の「猛追」キャンペーンが、私たちの選挙戦に緊張感をもたらし、支持を広げる後押しをする格好でした。

選挙が終わった後、とある居酒屋に入ったんですが、そこにいた70歳くらいのおばあちゃんが「区長、良かったねえ当選して。今回、危なかったでしょう。私たち、ここで作戦会議やっていたんだから」って教えてくれて（笑）。当時は店内で「呑んでないで、区長応援の電話しなさいよ」みたいな雰囲気だったと聞きました。全然知らない人たちがそんな動きをしてくれていたことがこの結果を生んだんだと思います。

公開討論会を相手候補が突然欠席したんです

そもそも、2011年の最初の区長選挙ですが、この時は保守分裂という敵失がありました。自民党がふたりの候補に分裂、そこに短期間で私が割って入って勝ちました。おそらく、自民党の側は、2015年の今度の選挙戦は自分たちがまとまりさえすれば、私に勝てると踏んでいたと思います。ところが、肝心の候補者がなかなか決まらなかったんです。

その理由のひとつには、私の区民への浸透度があったと思います。これまでの世田谷区長というのは、私の前の熊本哲之さんが2期8年務められて退任されるときが80歳、その前の大場啓二さんは7期28年でやはり退任されるときが80歳と、高齢だったこともあって、現実問題として、そんなに区内をあちこち飛び回るわけにはいかなかったと思うんです。それに対して、私は地域で集まりがあるといえば駆けつけて話をしたり、地域のイベントや、町会や自治会、昔からある団体の人たちの集まりにも頻繁《ひんぱん》に行ったりして、区民と接する機会は相当多かったですね。ですから、私のことを知らないとか、見たことがないという人は、地元で動いている人の中に、ほとんど、いなかったと思うんです。

もうひとつは、区長選を戦う際の大義名分が探しにくかったんだと思います。1期目の4年間で、私のこの政策は失敗だったとか、これがいけなかったとか、明らかな失策が具体的になかったところが、相手陣営としては焦点を絞るのが難しかったんじゃないかと思います。

相手側が立てた候補者は、商店街活動なども精力的に行ってきた方で、私もよく知っている人だったんですが、区政となるとやっぱり一分野だけじゃないんですね。産業だってさまざまですし、社会保障の問題も当然ある。教育や子育て支援も大きな関心事、他にも実にたくさんの課題があるわけです。私は現職として4年間マルチに全方位でそれらの政策課題に応えてきたという自負がありました。

だから、相手候補者側も大変だったんだと思います。青年会議所が公開討論会を企画してくれたんですが、確か前日の晩でしたか、相手候補者側から主催者側に「出ません」と連絡があって。主催者側は困り果てていました。私は、「ほんとなの?」「まさか」と思いましたね。仮に公開討論に出席して、討論があまり上手じゃなかったというマイナス評価と、ドタキャンしたということで受けるマイナス評価とどちらが大きいかと考えたとき、私なら、欠席は考えられません。

もしかしたら、相手陣営にとっては、公開討論会のキャンセルなんて大したことはないという判断だったのかもしれません。相手候補のドタキャン騒動は、新聞報道もされマイナス評価の波紋として広がっていったのです。当日、トラックの荷台をステージとして、音響装置も準備され100人を超える聴衆も集まりました。中には手話通訳があると期待して参加した10人を超える聴覚障害者の方々もいました。開催時刻まで待っても、相手候補は現れず、討論会は中止になりました。この時が分岐点でした。選挙戦は奇を衒わず、これまでやってきたことを堂々と伝えていくことで勝負できるなと、ふっ切れたのは事実ですね。

選挙戦最終日に集まったのは100人ぐらいだったかな？そのうち子連れが半分。心配されました(笑)

そういえば、選挙中にも注目選挙区としての報道がありました。激戦区だということで、私と相手候補の両方を等分の時間で取材してニュースとして放送されました。注目選挙区として取り上げられたのも、「激戦」という相手陣営のキャンペーン効果だったかもしれません。

こちらの運動は、にわか作りでやっていますから、選挙事務所の様子も、従来とは大分違っていました。ニュース取材がやってきた時も、お子さんを連れたお母さんたちがバラバラな格好でお手伝いしてくれている光景が収録されたんですね。事務所の机の上には子どもが乗って遊んでいるかたわらで、チラシ折りなどの作業をしているママたち。候補者の私は、子どもに声をかけているシーンや、ミニ集会でひたすら子育て世代と向き合って対話しているという姿を中心に紹介されたんです。対して相手候補は、商店街を歩いて手を振ったり握手したり、コブシを振り上げたりという映像で、まさによくある選挙運動らしい姿でした。両者の映像を見た人の印象はずいぶん違ったと思いますね。

そのニュースの放送後、ベビーカーを押したお母さんやお父さんから受ける反響やエールが多くなりました（笑）。街を歩いていると、「やっと保育園に入れました」と言ってくれる人もいましたし、もちろん、「まだ入れていないんで、もっとがんばってください」という声もありました。実際問題として、待機児童はまだまだたくさんいますから、「あなたじゃダメです」と言われるかとも予想していたんですが、子ども・子育て支援に力を入れて一生懸命やっていること自体は口コミも含めて伝わっていたんだと実感しましたね。

土曜日の夜の「選挙戦最終日」というと、最後の街頭演説を街のメインの駅前の広場でやって、たくさんの観衆が集まって、拍手や歓声を交え、大きなコールをあげる、そんな光景がつい思い浮かびますよね。私のこれまでの経験でいうなら、労働組合などの動員がかけられ、みんなで一斉にコブシを振り上げる、そういう「最後の訴え」も過去の選挙で何度か経験しましたが、今回はまったく違う最終日になりました。

今回、最終日に集まったのは100人ぐらいだったかな？　しかも、子連れの親子がそのうち半分近くを占めていて、ビールケースに乗ってみると、なんだか幼稚園の園長先生が話しているかのような街頭演説になりました（笑）。もちろんご年配の方もいくらか、いらしたりしたんですが、私の周りも子どもがウロウロウロウロしているような状況で、全然統制されていない（笑）。立っている私に、子どもが何人も手にぶらさがってきたり足に抱きついたりしています。そういう様子を見て、古くから選挙運動の経験のあるベテランの方が心配そうに、「現職候補者が最後の日にこんな風でいいのか？」って声をかけてきたくらいです（笑）。

「せたがやＹＥＳ！」という肯定的な言葉で統合したかったんです

この再選を決めた選挙のときに、私はひとつのキャッチフレーズを掲げることにしました。それは「せたがやＹＥＳ！」というメッセージです。

この「せたがやＹＥＳ！」という言葉がどうしてできたのかをふり返ってみます。

選挙というと、構図があります。たとえばこの区長選でいえば、現職がいて、対立候補がいるという構図になります。通常は対立候補の常套句《じょうとうく》は、現職の失点を突いていくことになります。一方、現職側は、任期中の成果・実績を打ち出していくしかない。私の場合は、1期目の成果と実績をみなさんにあらためて訴えていくことになります。その内容をリーフレットなどにまとめて、みなさんに見ていただこうと考えていました。

ただ、全体をどういう言葉をもって伝えたらいいのか、悩んでいました。再選に臨むキャッチフレーズもどうしたものか、短いひと言を探していました。そんなとき、ふと思い浮かんだ言葉が、「せたがやYES!」だったんです。

たとえば、新聞の世論調査などを見ていると、国政に対しても、有権者が期待していることの上位は、やっぱり社会保障関係ですよね。介護・福祉や年金、子育て支援。次に来るのは、景気、物価。生活実感に根ざしたことに、多くの関心が集まっています。逆にいうと、たとえば安倍首相が前のめりになっている憲法改正とか安全保障などについては、政治や国のあり方としては大変重要なテーマではあるけれど、そんなに順位は高くはないわけですね。

区長1期目の私は、生活現場からの切実な項目に、一生懸命に取り組みました。そして、わかりやすい結果も出してきたと思っていました。たとえば、子ども・子育て予算は10年前の2倍（約350億円から711億円へ）組みましたとか、保育園なら3490人分の定員増（認可保育園24ヵ所・認証保育所19ヵ所）など、実際の数が出せました。

区の財政についても、長い間、赤字財政が続いていましたが、なんとか22年ぶりに区の借金である区債を区の貯金である積立金が上まわり、黒字化しました。この点は、普段、あまり地域とのつながりはなくても、自分の住んでいる自治体の財政には関心を持つような、イメージでいえば50代で日経新聞を読んでいる読者層、男性のサラリーマンの人たちに訴えたいことでした。勝手に想像するに、私が社民党出身の首長ということで、「福祉には力を入れているだろうが、きっとお金をたくさん使ってバラマキの放漫財政じゃないか？」とイメージするだろうと（笑）。ところが、財政健全化したという事実。

元国会議員という印象でいえば、もし1期4年間の仕事の内容を知らない区民で、ちょっと政治の知識のある人なら、たぶん「国会の質問王」として、総理や大臣に向かって批判的に切り込んでいる姿でしょう。いわゆる野党議員としての、イメージです。

批判する政治家がいいと評価してくださる方もいます。しかし、批判ばかりは嫌いだという方もやっぱり世の中には相当いるんですね。アラ探しばかりで、自分たちは安全地帯にいて少しも実行しない、そういう野党的なイメージです。

だから、あえて「せたがやＹＥＳ！」と言うことで、変えたかったんです。肯定的な言葉で統合したかったんですね。「みなさんにはいろいろな思いはあるけども、その最大公約数を私は編み上げていきます。私はそういう姿勢で区政と向き合って、実行していますよ」ということです。自民を支持されている方にも、私を革新系だと思っている方にも、まずはこれまでの姿勢と結果を見てくださいというメッセージでもあったんです。

選挙で配布したチラシには〝「せたがやＹＥＳ！」にこめたもの〟として、次のように記しました。

〝「せたがやＹＥＳ！」には、私たちの住んでいる世田谷区をもっとよくしようという思いをこめています。競争と不信が渦巻く中、地域にホッとできるコミュニティがあることで人生はもっと豊かになると思います。住民による住民のための自治体運営を育てるために、あなたの力が必要です。〟

「安倍NO!」をNGワードにしました

そうして訴えた「せたがやYES!」なんですが、実はその裏で、NGワードを設けていました。「せたがやYES!」とは言うけども、これだけは言うのはやめよう、という禁句です。

それはずばり、「安倍NO!」でした。

当時は特定秘密保護法案の問題がありました。それが選挙の前の年（2014年）の12月に突然出てきて、国会前でも大きな抗議行動があったりしました。安保法案も4月の区長選挙後に出てくるっていうのは、わかりきっていました。アンチ安倍派からすれば、当然、この世田谷区長選挙は安倍政権との一大決戦であると考える人も出てくるんですね。与野党対決の前哨戦と思いこんで、「応援に行きますから」みたいな方がやっぱり出てきそうだったんです。そういう声に対しては、「お願いだからちょっと抑えてください」とやめてもらいました（笑）。

たとえばウチワがあったとして、表には「せたがやYES!」と書いてあり、ひっくり返すと「安倍NO!」。実際には登場しませんでしたが、禁則ワードにしなければきっと出てきた可能性がある。このメッセージを素晴らしいって思う人もいるでしょうけど、あれ? 違うなと思う人もいるんですよ。当然、反応は分かれるんですね。

なんだ、「安倍NO!」を言いたいがために「せたがやYES!」っていうキャッチフレーズを利用したなと。自分は「安倍NO!」じゃないんだから「世田谷」を勝手にダシに使うなっていう意見は必ず出てくる。そうすると、万人が共感してくれない言葉になります。そもそも私自身、「安倍NO!」を言うために区政をやっているわけじゃありません。重要なのは、自治体行政は公平でなければならず、「安倍YES!」の人も「安倍NO!」の人も平等に大切にされる現場だということです。ひるがえって、「安倍YES!」の人が、いい区政だなと私の4年間を支持する可能性は十分あるということです。

それと、やっぱり区長選挙というのは、国政選挙とはちょっと違うところがあるので、いわば与野党対決の場にされると、選挙の現場も荒れてしまうと思ったんです。つまり、「安倍YES!」の人と「安倍NO!」の人が衝突するような事態は避けたかった。そんなレベルの争いのために、4年間やってきたわけじゃないという思いがありました。

確かに政治家としての私の立ち位置は、安倍政権とは距離があり、国政野党に近いものです。一方で、自治体の長としての区長という立場になると、私のことを支持はしていないけど、区長に自分たちの話は聞いてもらいたい、また区長の話は聞くという方たちが目の前に現れてくるようになるのです。

Twitterフォロワー集会はとてもクリエイティヴでした

私自身、インターネットのSNS（ソーシャル・ネットワーキング・サービス）を政治活動に使いだしたのは早かった。組織もない、お金もない私にとっては、ハンディキャップを埋めるための頼れるツールでもあったわけですが、私のTwitterのフォロワーが2012年に4万人（2016年6月現在は6万5000人）を超えたときに、みなさんに呼びかけてフォロワー集会という試みをやってみた。毎回「教育」「子育て」「街づくり」等テーマを提示して、おもしろいと思った人は集まってと呼びかけてみたんですね。

企画した時にはどのくらい反響があるだろうかとドキドキしながら待ってみたら、毎回20人から30人ぐらいの方がやってきました。このフォロワー集会は、この4年間で通算で20回くらいはやりました。

若い頃から市民活動として、たくさんのシンポジウムや集会を主催して、行ってきました。主催者として、悩まされる場面はいつもありました。それは、会場からの発言の時間に、集会ジャックにも似て、その場のテーマとまったく関係のない自己宣伝や脈絡のない発言をされる時なんですね。自分の団体のアピールだったり、または他で言う場面がないのでここで言わせてくれというものだったり。主催者にしてみれば相当ストレスにはなるんですね。本来の自由発言が時間切れでできなくなる。

ところが、このTwitterのフォロワー集会というのは、そういうアクシデントが見事に起こらなかったんです。

2012年の夏、フォロワー集会で、「保育園の子どもの声の騒音問題」について集まってもらったことがありました。マスコミでこの問題が語られるようになるきっかけとなる議論だったんです。

世田谷区のホームページに「区長へのメール」という窓口があって、毎日区民からの意見を受け付けているんですが、ある日、寄せられた1通のメールがきっかけでした。そのメールは「保育園の子どもたちの声がうるさいと近所から苦情が来て、園児たちは午前中しか園庭に出してもらえないのだけど、折角《せっかく》園庭があるのにこれはおかしいのでは？」というものだったんですね。

それに対して、私もこうした声を紹介しながら「子どもの声は騒音か」と問題提起的にＴｗｉｔｔｅｒでつぶやいたところ、大反響になったんですね。世田谷区民以外の方からも意見が寄せられました。どうやら「子どもの声は騒音」扱いのトラブルはずっと以前からあって議論されていたようです。そこで、じゃあ一度実際に集まって話してみようということになって、フォロワー集会を開いたんですが、50人くらいが集まりました。

そこに集まった人たちというのは、ＳＮＳを通して、会のテーマをしっかり共有しているんですね。なんだか、チラシやハガキで呼びかけた集会とは雰囲気も違うんです。最初に趣旨説明を10分くらいやって、みなさんご意見をどうぞと促すと、Ｔｗｉｔｔｅｒ上で議論されていたことをふまえて、その上で発言してくれるんです。

「子どもの声がうるさいと言う人も問題だけど、行政が権力で黙れと排除するのも問題」「いや、やはり子どもの声が排除される世の中がおかしいのでは?」「無視してほしくないのは、聴覚過敏症という病気ですよ」等、テーマに沿って掘り下げる意見が次々と出てくる。これまでに経験してきた討論会等に比べて、実に議論が多面的に展開し、クリエイティヴで活発だったんです。一種の「集合知の形成」のような展開が、ネットを通じて集まってくれた人たちの集会では感じられました。

SNSで集まった人たちというのは、この時、「子どもの声」の問題で集まっただけであって、必ずしも私の支持派とは限らないわけですよね。そこには私への懐疑派や一部批判派もいると思うんです。多くは子育て世代で悩んでいる親たちが多く、テーマに関心がありもっと考えたいから来るという人、それから幼稚園や保育園の関係者だっていたでしょう。

フォロワー集会に集まってくれた50人というのは、たとえば政治という切り口で呼びかけをした時に見えてくる人たちの顔や姿とは違うんですよね。地域住民の多様な人々の集まりにも似て、ポピュラーな人たちなんです。

無作為抽出による区民参加のワークショップは、自立型、提案型の意見が多かったです

区で主催したワークショップでも新しい熱気とクリエイティヴな雰囲気を感じたことがあります。住民意見のボトムアップのために、有権者名簿の中から無作為抽出で1000人の区民に招待状を送って、区の将来について話し合うワークショップに参加してもらうよう、募ったことがあったんです。2012年に区の長期ビジョンを作成するためのディスカッションの場でした。

この集会は、ワールドカフェという話し合いの方法を使って準備していたもので、朝10時から夕方5時まで7時間はかかるというものでした。そんなに長丁場の拘束がある企画に、いきなり呼び出されて、いったいどれくらいの人が集まるんだろう？と思っていたら、なんと88人も来てくれたんですね。とても驚きました。

そして、ワークショップを進めながら感じたことですが、その人たちの参加する姿勢や発言内容が、フォロワー集会に集まってくれた人たちとよく似ていたんですよ。

無作為で選んだ1000人のうち約10分の1の人が、時間の都合がついて、7時間も付き合ってくれたということですから、そもそも問題意識が高く、地域行政への関心も強く持っている方々だと思います。しかも、参加者の発言は、私が今までに聞いてきた声とは違うんですね。

普通、住民のみなさんがワークショップに足を運んで、行政に対して意見を言う機会があったとしたら、何を言いますか？　やっぱり、多少なりとも要望や、クレームめいた発言があってもおかしくないと思うんです。ところが、その日集まった方々は、区や区長である私に、「これをやってください」とか、「これはやらないでください」とか、「早くやめてください」などというタイプの意見は、ほとんど言わなかったんです。

税金は上げてもいいから地域の価値となることはできないかとか、あるいは今後も自分たち住民にチャンスと場を提供して、情報や状況を提供・整備してくれたら、自分たちでやりますよという、自立型、そして提案型の意見が目立ったんですね。行政も疲弊しているだろうから、われわれでできることはやりますと。

ワークショップの参加者が、環境やコミュニティについて考え求めていることは、その実、ほとんど私が考えていることと重なりました。だからといって、参加者全員が私の応援をする人々かというとそんなことはなかったはず。政治的にはそれぞれの考えを持っている方がそこにいたと思います。しかし、そうやって集まったみなさんが、ワールドカフェという、テーブルを囲むメンバーがテーマごとに入れ替わり、全員ができるだけたくさん接触をしながら、多くの意見に触れていくという手法を使って話し合った結果、参加者自身が主体となって語り合い、少しでも地域が良くなるような方法を協議していった。新しい手法に挑戦したワークショップの成果はとても高いと感じました。

「せたがやYES!」の話に戻ると、私にとっては、そんな現場に立ち会ってきた、無数の光景の記憶がこの言葉の背景にあるんですね。組織はないけど、ほんとうにたくさんの人たちの意識、無意識に触れてきたという実感があったんです。こうした記憶と体験から、ふと思い浮かんだ言葉ではありましたが、私は「せたがやYES!」と言っていい、言えるんだという確信がそこにはあったんだと思います。

原発が象徴する社会というのは、いわば高速度消費型の社会です

私が世田谷区長になったのは、２０１１年4月でした。１期目は３・11の東日本大震災が起きてから約１ヵ月余り後、区長としての仕事をスタートしました。

1期目の選挙戦では、脱原発は大きなテーマでした。もともと国会議員として十数年もの間、脱原発の立場で取り組んでいましたので、当選したときは、「脱原発区長」という呼ばれ方もしました。

２期目の選挙戦では、「脱原発」は、私にとって継続したテーマでしたが、それほど強く打ち出しはしませんでした。公約には「原発は廃炉へ。エネルギー転換を進めます」と明記していますが、トップには掲げていません。政策リーフレットの中ほどに書いている扱いです。

首長にとって重要なのは、堅く言うなら行政需要をつかむこと。有権者が今、何を実現してほしいと思っているか、声なき声を嗅ぎ分けて、優先順位をつけていくことにあると

思っています。

1期目に当選したとき、「脱原発に期待しています」という声をたくさんいただきました。東京電力・福島第一原発の重大事故の影響について、地域内の放射性物質の計測体制を急ぎ、かつ強めて取り組みました。一方で、車座集会等で巡って住民の声を聞きながら、区民のみなさんの切実なテーマや困っていることに耳を傾けていくと、高齢者対策だったり、子育て支援だったり、あるいは障害福祉政策だったりするんです。2期目の選挙にあたり、配布した政策リーフレットでは、有権者の幅広い声と要望に応えるという意味で、教育や子育て支援、福祉を前に出しました。脱原発の主張は変わりませんが、順番は中ほどになりました。

こういう言い方もできると思います。つまり、脱原発というテーマは、有権者と向き合っていく中で、政策体系の基盤として深まった。イデオロギーとしての脱原発ではなく、脱原発が可能となる社会を実現する方向に、力点が変わったということです。区民の声を聞いて、環境負荷が少なく健康を脅かさないエネルギーを求めていけば、必然として自然エネルギーの活用をめざすということになります。これも「自然エネルギー活用YES！」

として、地に足のついた政策となりました。

原発が象徴する社会というのは、どんどんお金を使ってどんどんモノも消費する、いわば高速度消費型の社会です。そこでは、親が子どもと丁寧に向き合って対話する、そんな時間はないよ、と置き去りにされています。原発事故は、効率や能率一辺倒の社会やライフスタイルも揺さぶりました。子育て支援も、保育園の数を増やして保育時間を延ばして、長時間保育をひたすら行うということではダメだと思っているんです。そこに子どもの幸福感はあるのか、子どもの成長を保証する視点があるのかを問わねばなりません。

残念ながら、伝統的な家族という単位は壊れつつあります

とどのつまり、自分の原点の話にもなってきます。私は20年前、教育ジャーナリストとして母親たちに「いい学校に行って、いい会社に入ることがほんとうに幸せなのか？」と問題提起していました。学歴社会、偏差値教育は表層の価値にすぎないよ、過剰な競争に

のみ込まれないように、と語りかけていたんですが、その当時、話を聞いていた人たちは、自身が高学歴の人たちが多く、確かに問題はあるだろうけど流れが強くて乗ってしまう、というような身体感覚が、まだどこかにあったんだと思います。

それから20年、経済は縮み続けました。賃金が低下しただけでなく、社会的自由度も縮みました。今の若い世代はバブルも知ることなく、年を追うごとに経済や雇用が収縮してきたかなり厳しい現実と向き合っています。親はいきなりリストラされ、正社員はどんどん削減されて、非正規雇用が多い社会になりました。

区長になってからの最初の4年間（2011年4月から2015年4月まで）で、この国の政治は民主党政権から自民党安倍政権に代わりました。永田町のニュースだけを見ると、荒涼としていて、巨大な与党をバックに「専制独裁」的政治が支配していて、希望も変化も見えにくい。でも、それは表面上のことで、人々が考えていることというのは、かなり劇的に変わったんじゃないかということを実感しています。

高齢者介護にしても子育て支援にしても、たとえば民間ビジネスにも門戸を開放していこうといった規制緩和策だけではやっぱりダメで、民間企業にやらせれば、競争原理がはたらき、必ず質が向上するということにはならない。収益や効率とは別次元の行政サービスの質の転換に大きな期待があると感じています。実際に暮らしている方同士、お互いを相互扶助していくようなコミュニティの再構築に、人々の考えは向かっていると感じるんです。

残念ながら、伝統的な家族という単位は壊れつつありますよね。家族が離れ離れになる遠心力がすごく働いていると思います。世田谷区民にしても、そうやって家族から外側に出てきちゃった人がたくさんいるんですね。区民の中にも、ひとり暮らしがかなり多い（2010年世田谷区のひとり世帯22万世帯）。じゃあ、いったん家族というものから切れてしまうとコミュニティの単位としては扱われなくなるのか、家族とともに暮らし、理由あって離別したり、死別を経験してひとり暮らしとなっている方もいる。もともと親元を離れてひとり暮らしを続けている人もいる。

家族は大事だけど、いつか別れなくてはならない時もくる。そうなったら、家族じゃない、たとえば近隣の人たちとか友人たちといい関係を作っていこうよといった話に、みなさんの関心がすごく高いのを感じますね。空き家活用のシンポジウムを開こうという呼びかけに、区内ですぐに100人以上も集まるんです。社会の基礎単位だった「家族」や「世帯」をめぐるあり方が、大きく変わってきている時期なんだなあと思います。

区長選に声をかけられた時は浪人中でした

「2011年4月の世田谷区長選挙に出ないか」という話は、震災の前の年、2010年の後半ぐらいでしたか、市民運動関連の方々から何回か打診されたり、お手紙をいただいたりというかたちで受けていました。その当時、私は2009年8月の衆院選と、2010年7月の参院選で落選していた身でしたが、再起をはたしてめざすべき自分の現場はやっぱり国政だと思っていました。「区長候補として、白羽の矢を立てていただくのはありがたいけれども、あくまで国政以外に考えられず、出る気持ちはないので他の人を探してほしい」と答えていました。

当時の私をもう少しふり返ると、2009年夏の衆議院選挙で民主党が大勝して政権交代が起きて、鳩山由紀夫さんの政権が誕生するのですが、沖縄の基地問題で行き詰まり、翌年6月に退陣、菅直人さんに首相が代わります。脱官僚を掲げた民主党政権もなかなかうまくいっていない状態でした。私は鳩山内閣のときに、総務大臣だった原口一博さんから誘われて、総務省顧問という役職で仕事をするという時期もありましたが、こうした機会に恵まれたのは、いい経験でした。２００９年の秋から２０１０年春まで総務省に出勤して、「郵政民営化」の検証をする仕事を総務省職員の人たちと進めました。

浪人生活と言ってもなかなか大変なことで、落選したとたんに収入はなくなるけど、事務所は運営し続けないといけない。政治家というのは、1回止まっちゃうと再起するのはほんとうに難しいので、走り続けていないといけないんですね。だから、ミニ集会を開き、活動レポートを出して、カンパを募るという自転車操業でようやく持ちこたえている状態でした。

東日本大震災がすべてを変えたと思います

ふり返ると、東日本大震災がすべてを変えたと思います。

２０１１年３月に東日本大震災が起きたとき、私は余震の続く中、一晩中、神田にある知人の出版社で、家屋を一瞬で飲みこんでしまう恐ろしい津波の映像を観ながら、原発事故の情報収集をしていました。津波で多くの人々が犠牲になっただけではありません。いったんは、地震で緊急に停止して事なきをえたはずの福島の原発が、津波を受けてコントロールできなくなっているという事態が聞こえてきました。政府が原子力緊急事態宣言を行うようだというニュースを聞いて、永田町に連絡を取ると、報道されていないような情報がどんどん入ってくる。あの晩、霞ヶ関の中枢で、炉心溶融（メルトダウン）さえ語られていたことを鮮明に覚えています。これは大変なことになると、時計を見るのも忘れて、原発事故に向き合い、次の日の朝になっていました。

こんな時、私は、なんとか事態を改善したいと思うんですね。悲劇的事態を指をくわえて見ているだけではなく、何か具体的なことをやりたい。たとえば大型客船を１隻、被災者のために提供できるという話を聞いて、それなら、高齢者を中心にして被害にあわれた方々が宿泊できると考えて、寄港先を探すプロジェクトを手伝ってみたりしていました。残念ながら、省庁の縦割りの壁でうまくいきませんでしたが……。Ｔｗｉｔｔｅｒで情報をやりとりする中で、杉並区が、被災地域である福島県南相馬市と災害時相互応援協定を結んでいるということを知りました。

杉並区長は、私も選挙応援をした民主党出身の田中良区長でした。彼にすぐに連絡を取って、今から行きますからと、杉並区役所に行きました。こうして、3・11の翌週には、杉並区役所で田中区長を中心として、職員含めてどうやって南相馬市に物資を送ったらいいのか、バスはどうやったら手配できるのかという支援の動きに加わっていました。私のほうは、当時の官邸や民主党の議員を通して、物資が南相馬市にちゃんと入れるように関係機関と話をつけたりしていたんですね。

非常事態が発生した時はやはり、自治体が最終的に住民を守るんだと思いました

杉並区からの支援はスピーディでした。たとえば午前中にトラックを5台出そう、そこには灯油を積みこもう、食糧もだとか決めて手配に走る。すると夕方にはきちんとトラッ

クが区役所前に揃うんですね。何台かのトラックに灯油も物資も積みこんで、実際行くぞという動きになるわけです。

ところが、永田町に行って議員会館を覗いてみても、議員の姿はまばらで、秘書たちがテレビとインターネットを見ているだけで、具体的には動いてない。「何かやらないの?」と聞くんだけど、延々と情報収集しているだけなんですよね。自治体の素早い動きとはかなりの落差がありました。もうダイレクトに自治体と一緒に動いたほうがいいと思って、杉並区と連絡をとり合いながら被災地支援活動をやっていました。

原発事故から2週間余りたった3月27日に、実際に南相馬市に行ったんですね。震災直後から役所に泊まりこんでいた桜井勝延市長に会ったんですが、彼は孤軍奮闘していました。国からも東電からもまったく連絡がないまま、情報が途絶しているのに市民に詰め寄られている状況で、市民から、「どうしたらいいんだ。逃げたらいいのか、居ていいのかハッキリしてほしい」と問われているわけです。そう言われても、市にも全然情報が来ていないのに答えられるわけがない。報道機関もみんな南相馬市から逃げちゃっているような状況でしたから。桜井市長は市役所に泊まり込みながら市民と向き合っていて、逃げ場がない。

こうした現場を見て、非常事態が発生した時にはやっぱり自治体が最終的には住民を守るんだなと思いました。南相馬市に行って、緊迫した市役所の空気を感じて、その思いを強くして、帰ってきました。その直後に、折り入っての話があるということで、喫茶店で向き合った友人から思わぬ要請がありました。なんと、間もなく行われる4月の世田谷区長選挙に出て下さいという依頼だったんです。すでに3月の末でした。「選挙はいつですか」と聞くと4月下旬であと20日余り先に迫っていると言います。常識的には準備が間に合うわけはありません。

みんなが一緒に戦うならやります、と出馬を決めました

前から言われていた区長選挙の話でしたが、震災後に自治体の役割についての認識は大きく変わっていました。東日本大震災直後と原発事故の状況も考えて、これまでのように

すぐに断らず、少し考えてみたいと時間をもらいました。数日後に、2度目に要請を受けた時、じゃあ、「今から2日後に一緒に今回の選挙を考えてくれる人が何人集まるか、そこにどういう人が集まるかを見て決めましょう」ということにしました。そして2日後の会議室には50人くらいの人が集まってくれたんですね。

この場で、私は言いました。「私には何もないですよ」と。「お金もないし、事務所もないし、スタッフもいないですよ」とも。「立候補してくれ」「じゃあ後はよろしく」とその場で放り出されたんじゃかなわないので（笑）、集まった人たちの本気度を問うたのです。「やる以上は、結果はわからないけど、ここにいるみなさんが一緒に戦うのであれば思い切ってやります」と言って、私がゆっくりと周囲を見渡すと、みなさんが同意してくれたので、出馬を決めました。この時は、前年の7月に参議院選挙に挑み、敗れて資金も枯渇してしまい、支持し行動してくれるボランティア応援団もすべて使い果たした状況でした。それでも、にわか仕立てで体制をつくり、4月6日には出馬表明の記者会見を開いて、その16日後の4月24日には世田谷区長に当選していたというスピード選挙でした。

自治体の首長は逃げを打てないんですね。誰かのせいにできないので

たとえば、選挙ポスターによく「命と暮らしを守る」とか、そういうコピーがあるじゃないですか。こうしたコピーは、はるか昔から保守も革新も使ってきました。シンプルだけど政治の基盤となる概念なんですね。今思い起こすと、やっぱり私自身も永田町にいた時には、「命と暮らし」というのはどうも抽象的な観念だったと思うんですね。一方、自治体の首長になってみたら、「命と暮らし」という言葉は、常にリアルです。たとえば停電時に難病の方がいて、その人が必要とする酸素ボンベの機能は大丈夫かという具体的なレベルで問われるので、抽象的にはなりようがない。該当する人は何人いてボンベは何本必要なんだという、リアルな話になりますよね。そして、対応が悪かったり、あるいは誤った情報を出したりしたら、直ちに責任を問われるという点で、課された役割はきわめて重いにもかかわらず、存在の重さが世間的にあまり認識されていないのが地方自治体の首長です。

何を隠そう、かつての私自身が国政の場にいた時、自治体を理解してない側だったのかもしれないですよね。永田町にいた時は法律を何本も作ってきましたが、その条文作成の作業の中では、「自治体の責務」についてはどう書こうか？　こう書くといいかな？　などと短時間で取り決め、直接に自治体の声を聞かず机上でやっていましたからね。あの時、私たちの作成した法令が義務づけた仕事を実際に引き受ける自治体の側のことは抽象的にしか考えてなかったですね、今となっては恥ずかしい話ですが。

もちろん、「命と暮らし」に対する自治体の責任ある役割は、大災害の特殊な時だけ発揮されるものではありません。日常的にも老若男女の市民生活のあらゆる場面で機能しているのです。もちろん、国会で作られている法律も、私たちの「命と暮らし」を左右しています。本来であれば、自治体が直面しているリアルな現場を総合的な全体像としてつかむ力が、国政には問われています。

原発事故当時を思い起こしてみます。「福島から今、世田谷に避難したいと言っている家族が30世帯いるんですが、どうですか、受け入れできますか?」と聞かれたときに、ただちに候補となる住宅を探し、心当たりをすぐあたって、「確保しました。来てください」

と言えるのは自治体で、国政や中央省庁レベルだとなかなか難しいと感じます。

同じ政治家であっても、永田町だと、「考えておく」と言うことができるんですよ。あとは、「役所にきつく言っときましたから」と間接依頼をしたと言うこともできる。永田町での活動というのは、やっぱり中間的な、いわば橋渡しなので。仲介してうまくいけば自分の手柄で、「先生、ありがとうございました」と感謝され、ダメなら「任せた役所が悪いな、けしからん」と涼しい顔もできる。自治体の首長はそこは厳しいわけです。逃げを打てないんですね、誰かのせいにできないので。できるか、できないかも、はっきり言わなければならない。

自治体の現場に置かれてみて、自分としても大きく変わらざるをえなかったということなんだと思いますね。

私たちは原発推進派に負けていたんだと思いました

もうひとつ、自分の中で変わったことがありました。

東京電力・福島第一原発事故の当時を思い起こしてみると、「だから原発は危ないって言ったとおりじゃないか」と語った人がいましたよね。「自分が予想していたとおりだ」と。実は、私も内心はそう思うこともありました。特に「地震と原発」については国会の中で超党派の勉強会を作ったりとか、津波についても、一度、地震に直撃された柏崎刈羽原発を巡る議論で危険性を原子力安全・保安院に指摘したりしていました。

でも、私たちのほうが罪は深いんじゃないかと感じていました。いつか、今回のような重大事故は起こると感じながら、何も変えられなかった。東京電力の広告塔となって何も考えず「原発は安全なクリーンエネルギーだ」と叫んでいたようなおめでたい人たちは、当時はショックを受けていたわけだけど、だからといって「自分たちはわかっていたんだ」と私たちが言うのは、やっぱりほめられた話じゃない。福島で被災して避難している人たちに対してです。なぜなら、私たちは政治の場でいかにも非力すぎたこと、それをメディアが悪いとか言ったところで、ダメだと思ったんですね。

もちろん、私たちが地震や津波と原発に関して意見を届けようとしても、原子力村のすさまじい圧力と統制があってメディアにブロックされ、伝わらないところがありました。

資金や物量の差もあり、私たちは原発推進派に、そこは明らかに負けていたわけですよね。負けの責任もある。私たちはただ負けていることに甘んじていたのだということを、そのとき痛烈に感じたんです。

区長選で脱原発を訴えることに対して唐突に感じる人もいたと思います

東京電力・福島第一原発が炉心溶融（メルトダウン）しているという発表があったのは、原発事故から2カ月が経過した、1期目の区長選挙の終わった後でした。事故から2カ月以上も経ってついにメルトダウンという言葉が表面に出てきた。しかも、複数の原子炉の連続メルトダウンという世界でも初めての重大事態になっているのになお、「原発しかない」と言っている人たちが、テレビの討論番組で幅を利かせているのを見ながら、この国のメディアと議論の低劣さに危機感を持ち、これはまずい、ここで変わらなければ、もう二度と日本は変われないと思いました。だから、1期目の選挙では脱原発を選挙活動でもかなり訴えました。

もちろん、いくら原発事故の直後とはいえ、世田谷区長選挙で脱原発を訴えることに対して唐突に感じる人もいたと思います。そんなことは国政選挙でやればいいという意見もわかります。でも、このテーマを前に進める役割は自治体だと考え、私はあえて脱原発区長という旗を掲げていったわけですが、それには理由があったんです。

結局、原発事故の影響を直接的に受けたのは、自治体なんですよね。福島第一原発周辺の自治体でいえば、全村避難となった自治体も含め、多くの住民が故郷を離れて、役場ごと引っ越しを余儀なくされたり、あるいは広範囲の除染作業を必要とされたり、すさまじく大きな影響を受けました。

一方、東京でも原発事故にショックを受けた人たちの中から脱原発の声は高まりました。でも、それだけでは十分でない、と思っていました。というのも、東京都民というのは、原発の受益者なんですよね。福島の原発で作られた電力を、福島の人たちは使っていない。私たち首都圏の便利な生活を支えてきたのは、福島の電力なんですね。そういう都市部のひとつの代表として、原発に依存してきた東京・世田谷区の人々の暮らし方や態度、もっといえば責任というものがあるんじゃないだろうかと。

諸外国でも電力システムの改革はたいがい、自治体から始まったんです

世田谷区長に当選した後、すぐに南相馬市を再び訪れました。

4月末の連休の初日で、最初にたずねてから、ちょうど1ヵ月後でした。厳しい状況は、続いていましたが、南相馬市の桜井市長も突然の区長就任を喜んでくれました。この年の秋、彼に環境問題のシンポジウムで世田谷区に来てもらいました。私は、被災地支援のために、被災地復興に資する自然エネルギーを支援したいと思っていました。そして、被災地で生み出される電力については、世田谷区で購入する仕組みを作りたいと思っていました。シンポジウムでそんな思いを語り合いましたが、それから5年を経て地方の再生可能エネルギーと世田谷区をつなぐ仕組みの構築が始まろうとしています。

あるいは、ソーラーパネルの積極的導入についても実現しました。区が先頭に立ってキ

ャンペーンをやったことも影響してパネルの価格が下がって、それでいっきに世田谷区内で普及が広まりもしました。

2012年には、区役所の大口電力に関して、新電力（PPS）を活用して、世田谷区役所で競争入札すると発表しました。それまで、都内の自治体では例がなかったんですが、実は制度上は可能だったんですね。実行されなかったのは、東京電力との契約が「常識」であり、単に大口電力の自由化という制度が知られていなかったからなのか考えなかったのですが、とにかく踏み切りました。

この反響は大きかったですね。新聞もワイドショーもいっせいに取り上げてくれました。あるとき職員が「経済産業省から電話がありました」と報告してきて。内容を聞くと「PPSを有名にしてくれてありがとうと、激励を受けました」と。悪い冗談かと思ったんだけど（笑）、おもしろかったですね。後から経産省でその電話の主に会ってみると、経産省は大口の電力自由化について宣伝したかったが、うまくいかなかった、今回、世田谷区がやってくれたおかげで広く知れ渡ることになったので、お礼を言いたかったと（笑）。

つまり、電力供給システムの知られざる制度を活用し、経産省以上に周知させることができたのも、自治体なんだということですね。飯田哲也さんに後日うかがったんですが、諸外国でも電力システムの改革はたいがい、自治体から始まったんだそうです。

区長に当選してまず「これまでの95％は継承して、5％は大胆に変えます」と言いました

政権交代選挙と呼ばれた衆議院選挙（2009年）で私は落選して、歴史的場面において外野にいなくてはならなかったことで、忸怩《じくじ》たる思いを持っていました。

私は、政治の仕事は現状をより良く変更することで、その改善を多くの人が喜んでくれる、そんな現実を作る仕事だと思っていましたし、政権を担うようなことがもしあれば、ああしたい、こうしたいという政策がけっこうあったんですが、外野ではなかなかそれは実現できなかった。

一方で、原発問題にはかねてより取り組んでいたし、年金保険や雇用保険にはずっと取り組み、子育てや教育の問題もそれこそずっと考えてきたことでした。にわかに、区長選

挙に出る段になって、政策を整理するときも、これまでの政策ストックを区政版に焼き直したという感じでした。自分にとっては十分に時間をかけて考えてきた政策でどれもリアルだった。

区長選挙に当選して、区長として区役所に最初に行ったときは、エントランスで支援者に加えて職員のみなさんが大きな拍手で出迎えてくれました。区職員に向けて、私はまずこう言いました。「行政は継続です。これまでの仕事の95％は継承して、5％は大胆に変えます」と。

これを聞いて、支援者の中には落胆した方もいました。「折角勝ったのに、95％を変えるんじゃなくて、たったの5％？ずいぶん低いよね」と。逆に職員の中からは「ホッとした」という声ももれてきました。

ただ、この感覚は、私の中でとてもリアルなものでした。

国会議員だった頃、私は法務省という役所を相手にいくつもの法案でやり合い、少しずつ制度を変えてきました。法務省といえば、幹部は全員、検察官で、もっとも頭の固い、変わりにくい役所です。そんな官僚組織を相手に、入管制度改革や交通事故被害者遺族支援、刑務所での受刑者待遇改善などもやってきました。

この経験から学んだ相場観というんでしょうか、100%すべてを取り替えるということは、行政組織にとってはあり得ないことなんですね。じゃあ50%は変えられるかというとそれもなかなか難しい。実際に私がやってきた感覚でいうと、5%変わったら、これは相当変わったということなんです。その5%から新しい空気が旧システムのよどみを洗うように循環していくんですね。

95%は継承する、というのは、何も職員や既存の関係各所を安心させたり、欺《あざむ》いたりするために言った言葉ではありません。5%変えるのだって、実はすごいことなんだというリアルな実感があったから言っただけなんですが、「たぶん新しい区長は今までのやり方をひっくり返すに違いない」と注視していたメディアには期待外れに受け取られ、ほとんど理解されなかったと思います。

第2章

「せたがやＹＥＳ！」が意味するもの。
再選選挙で獲得票を倍にした
「世田谷モデル」の成功例とは？

赤字続きだった財政を黒字転換に導きました

私が世田谷区長1期目の4年間で実現したこと、そして、現在進んでいる2期目でやろうとしていることを、これから整理して紹介していこうと思います。

まず大きかったのは、1期目の区政で総合的戦略としての「世田谷区基本構想」を作成したことですね。世田谷区の20年ビジョンの企画をやりましょうと、これは二十数年かぶりに改定する作業だったんですが、1年半かけてまとめました。このビジョンづくりのために、区の基本構想審議会を25人のメンバーで立ち上げて、協議内容は動画・議事録をすべて公開しながら、同時に、前述したようなワールドカフェ形式のワークショップを区民のみなさんから無作為抽出で選んだ人たちを交えて行って、ビジョンやキーワードを絞り込んでいきました。

先にも触れましたが、これまでずっと赤字続きだった財政を黒字転換に導きました。これには、私なりの考え方がありました。こういう手法でやったんですね。

1期目の私には、当然ながらそれまでの前区政の引き継ぎ事項もあります。「行政経営改革計画」という項目があって、見ると全事業点検という手法がとられていました。つまりは、区で行っている事業を全部点検して、不必要なものは廃止削減するための検討対象の一覧表が準備されている、よくあるタイプの行革手法だったんです。

この一覧表には、たとえば、障害者の方に行っているサービスを見直したり、高齢者の方のお宅に出張していた床屋さんのサービスを廃止するとか、寝具乾燥のサービスを廃止するなど、そうするとそれぞれ何十万円単位で浮きますと書いてあるんですね。

木と森の関係から言えば、枝先や1本の木から物事を見ていくやり方です。当時はリーマンショック後の税収減の影響が深刻で、「財政全体として予算編成のために区にはいくらお金が足りないの? 不足額は?」と聞くと70~80億だったんですね。そこで、「この表に書いてあることすべてを廃止にしたらどれだけのお金が出てくるの?」と聞くと、それは1億数千万円だったということがわかった。

この削減メニューだけ見ていても、枝数本にすぎないことに気づきました。「今まで財源不足はどうしていたの?」と聞いてみて、すぐに納得しました。たとえば道路工事だったら期間を延長して翌年度に回すとか、今年作るはずの学校施設を順延して来年着工にするとかで帳尻を合わせていたと聞きました。

木や枝の話をする前に、森全体を見なければと思いました。だから、予算全体の中で、やっぱり大きい金額が動いているものを見ていかないとダメだと思ったんです。

新築するのではなく、リノベーションという方向も検討するよう指示しました

世田谷区の一般会計は約2900億円（平成28年度）なんですが、たとえば学校を、旧校舎を解体し新たに新築することになると、25億円から40億円くらいかかるんです。その工事費の中身を見ているうちに、「仮設校舎4億円」という金額に目が止まりました。これは金額が大きいなと。すぐに、担当職員に、この仮設校舎を使わずに建てられないか、検討してみてほしいと命題を出したんですね。同時に、全てを解体、新築するのではなく、リノベーションでつくり変えるという方向も検討するよう指示しました。

世田谷区のうち、環七道路の内側にある学校は、生徒数が少なくて、1学年1学級の小

規模校になっているのです。したがって、利用していない空き教室を持つ学校がいくつかあった。学校と学校の距離も短い。だったら、学校改築時に仮設校舎を建てるんじゃなくて、近隣の学校の空いている教室を仮設校舎のかわりに有効に使うのはどうだろうという提案が職員から出てきました。ちょっとした工夫で仮設校舎を建てずに、建設工事期間は短くなり、子どもたちが近隣の学校に通うことで、コストを減らすことがずいぶんできたんですね。これで億単位のお金が浮きました。

もうひとつの手法、リノベーションに関しては、当初は担当職員の間に消極論がありました。リノベーションについて、最初の反応は「区長、それはかえって公共の仕事としては、効率が悪く贅沢《ぜいたく》です」というものでした。「お金は余分にかかるし、工事期間も長くなる。結局、新築で建てるほうが安いですよ」と。工事期間が長くなるというのは、工事を夏休み等の期間に限定しているからなんですが。リノベーションはいかに割高になるかという建築コンサルタントが計算した資料を見せられました。

私は、公共建築のコスト計算については専門外ですが、ほんとうにそうだろうか？と疑問を持ちました。自分で判断するだけの材料がないと感じた場合に、その分野に精通している専門家がいますから、すぐそういう人に参考意見を求めてもらうんですね。問題の全体像をつかむための情報をとるんです。

建築コンサルタントが作成した資料によると、コンクリートは酸性化すると中の鉄筋がボロボロになって強度を失って弱くなる。これを防ぐには強力な電流をコンクリートに通電させるという工法があって、コストは2000万円ですと書いてあるんですね。複数の専門家にこの話をすると、学校等のリノベではこの工法は聞いたことがない、日本でもまだ数えるほどしか行われたことのない方法だったと（笑）。

リノベーションそのものについても、新聞に他の自治体の学校がすでに実践していてコスト削減につながったと書いてあったので調べてと頼むと、しばらく経ったら問い合わせてみたとの報告があって、「改築よりやはり安くできそうです」と（笑）。

そこで、専門家と区の関係職員を集めてコンクリートの劣化と耐性に関する研究会をやったんです。次第にコンクリートの酸性化と対策、そして建物寿命も従来よりも長く見ていくリノベーションのほうに、前向きな話になってきた頃でした。こうした議論をしていたさなかに、文部科学省が「学校長寿化計画」を打ち出して、私たちがリノベーション第

1号の候補にしていた中学校が、文科省からモデル校指定を受けるというオチまでつきました（笑）。これはやってみよう！という方向になりました。

企業の「言い値」状態が続いていたことを知っていました

最初に、「お金がかかります」と言われて、もっともらしい資料を見せられると、そうかなあと思ってしまう。私の中にも、忙しいからもうそれでいいかと臆劫《おっくう》に感じる部分もあります。でも、そこであきらめてしまうとダメというのが、国会議員当時からの経験則としてありました。よく行政改革には、民間経営者の視点でと言われますが、私から言えば、納税者の視点に立つべきですね。

もうひとつ財政上、大きな負荷となっているのがＩＣＴ・コンピューター関連の予算です。見積りを前に、「どう見ても高すぎない？」とコスト検証を怠らない姿勢はとても大事だと思っています。なぜなら、国も「電子政府化」のもとに多額の資金を投入してシステム構築をしてきましたが、初期費用も大きいだけでなく、管理・運用のコスト、システム追加や変更などの費用も大きくふくらんでいることを、国会議員として問題にしていたからです。官公庁発注のＩＣＴ関連については、発注者の側に専門知識がとぼしく、ベンダーと呼ばれる開発側の企業の「言い値」状態が続いていることを知っていました。

この分野もセカンド・オピニオンの活用を考えました。区の財政や納税者の利益に対してロイヤルティのある専門家、ベンダーで「官公庁ＩＣＴ関連事業」の第一線にいた方などに声をかけて、アドバイザーになってもらい、ずいぶん知恵を借りました。

なぜか世間は、数百万円から1億円くらいまでの金額に関しては盛り上がるんですよね。想像力がかきたてられて、マスコミも盛んに報道する。これは国会でもそうだったんですが、それくらいの額の話には、みんな熱くなれるんですけど、これが数百億円から数千億円のスケールになった途端、想像が及ばないので関心を失うんですよ。金額が大きすぎてピンとこないんですね。それでも、大きな改革のターゲットは大きな予算から検証するのは当然のことです。

力を入れた政策でまず紹介したいのは、子ども・子育て・若者支援です

区長に就任してから、力を入れて取り組んできた政策でまず紹介したいのは、子ども・子育て・若者支援についてです。

世田谷区の保育児童の定員は毎年増え続けているんですね。1期目で、私は認可保育所を24ヵ所、認証保育所を19ヵ所増やして、保育定員を合計で3490人増やしました。さらに2期目に入って、2016年4月で1250人、2017年4月で2200人(予定)と2万人をめざして、大幅に保育定員枠を拡大しています。それでも、世田谷区は「待機児童」が1198人（2016年4月）ときわめて多く、5年続けて過去最多を更新しています。

当初は、区が持っている土地を保育所にすることから始めました。公園とか、学校の一画を利用したんですが、すぐに候補地が底をついてしまいました。手詰まりな時に出てきたのが、財務省の土地でした。東日本大震災の復興財源ということで、売却予定の宿舎の

土地が世田谷区には多かったのです。財務省ともたびたび交渉して、保育園用地として十数ヵ所も確保する目処がなんとか立った。これで一山越すかと思っていたら、次の年になるとまた待機児童の数が増えていって、対策を練らなきゃならない。そういうイタチごっこです。

また、国家公務員住宅跡地に頼っていると、どうしても世田谷区全体をカバーすることができない。区の中心部や東部にのみ住宅跡地があって南北にはほとんどないことがわかったので、今度は民間の土地を探すことになりました。ところが、保育事業者に民間の土地を探してもらい、保育園の開園を呼びかけたのですが、いっこうに活用できそうだという提案が出てこないんですね。

というのも、世田谷区は賃貸料が高いんですよ。保育事業者が民間の土地保有者から保育園用地として物件を借りる場合、認可保育所を運営するためには、大体1000平米ほどが必要になります。おおよそですが、年間1500万円ほどが土地の賃料として必要となるわけです。20年間だと3億円を保育事業者が支払わなければならない。これが、多摩地域や、神奈川県、埼玉県、千葉県など郊外では、ずいぶん安くなるわけですよね。民間の保育事業者からしたら、土地の賃料の高い世田谷区で保育所を運営するメリットはないわけです。

こうして、保育事業者からの提案がなかった事情もわかってきました。ここはもう背に腹は替えられないという覚悟で、区から土地の賃料の3分の2の補助金を出そうと決断しました。20年間で賃料が3億円だったら2億円は区が補助するから、どうぞ応募してくださいと思い切って呼びかけたんですね。ただし、このスキームが知られるまでに時間がかかり、当初は応募が少なかった。

土地を持っている方にも、この制度を知ってもらわないといけない。ただ、この種の告知って、難しいですよね。従来、保育園用地として貸し出す例もなく、土地を持っている方に呼びかけても、なかなか反応は鈍いわけです。そこで、こちらも専門知識を持つ人材を登用しました。不動産に詳しい専門家に入っていただいて、土地の資産活用という観点から説明していったんです。

「その土地、駐車場にしますか？　アパートを建てますか？　それとも保育園にしませんか？　ちなみに保育園にすると、こういうメリットがありますよ」と数字をあげながら説明をしてもらいました。これが大成功で。どんどん応募者が集まって、なんと490件もの土地が集まってくるようになりました。すでに、このスキームでオープンにこぎつけた保育園も21園あります。「土地・建物のオーナー様　保育園に有効活用しませんか？」と書いた大きなポスターを区内にたくさん貼り出したので、区民の方には区の本気度も伝わっていると思います。

子育て世代がどんどん世田谷区に転入しています

世田谷区は、待機児童が日本で一番多い自治体とされ、保育のニーズに応え切れていない状態が続いています。世田谷区では、保育定員枠の拡大に力を入れて、ここ数年のうちに40の認可保育園を開園する準備をしています。２０１６年春に、ようやく3歳・4歳・5歳の待機児童は解消し、０歳・１歳・２歳の保育枠拡大にむけて懸命に取り組んでいます。

保育定員を増やしているのに、待機児童の数が減らない理由は、いくつかあります。子どもの出生数が年々増えていることや、子育て世代がどんどん世田谷区に転入していることがあります。毎年、5歳以下の未就学児の人口は900人前後増えています。さらにこの5年間で、認可保育園の入園希望者が50％増となり、競争率をあげました。そこはもう腹を括ってがんばるしかないと思っています。

子どもが増えているという傾向は、次の世代がたくさん輩出される地域だということです。14歳までの子ども人口は、10年前は8万人台でしたが、25年ぶりに10万人を超えたんです。消費も活性化しますし、高齢化社会の一方で、子ども・若者も増えていけば、自治体の人口構成としては、多世代が共に住むずいぶんとバランスのとれたものになるんですね。

日本全体で人口減少社会が加速していく一方で、世田谷区では人口の自然増という現象が生まれています。平成27年1月から12月の間では、生まれてくる子が、亡くなった方より1609人多かった。世田谷区の人口増は、さらに今も続いていて、2016年5月にはついに89万人となりました。首長としては「子どもが歓迎され、大切にされる地域」をかたちづくることで、少子化社会を反転させたいと強く思っています。

さらに、子どもをいじめや暴力から守る取り組みとして、子どもの人権擁護機関「せたホッと」を開設したり、若者支援として「若者総合支援センター」を作ったりしたことも反響が大きかったです。ここではひきこもりの当事者や親子の相談・支援とか、生きづらさを抱えている若者の支援を行っています。

車座集会という地域住民との対話集会を計54回やりました

自治体を運営していく上で大事なのは高齢者や障害者の方々への支援です。89万人が住む世田谷区では、介護認定で認知症と疑われる方が2万人を超えています。そして、深刻なことに、毎年1000人を超えて増えています。団塊の世代が75歳を迎える2025年以降は、さらに高齢化が進むといわれています。それまでに地域福祉の網の目を細かくつくり上げる「時間との競争」が始まっています。

世田谷区には、以前は出張所と呼んでいた「まちづくりセンター」という地区行政拠点が、27ヵ所も存続しています。地域に密着して日々活動する少人数の職員がこの場で仕事をしてきましたが、行政施設の整理・統合の波にのまれずに残っていたこれら地区行政拠点は、珠玉の財産だと感じました。私は、この27ヵ所をすべて一巡して、車座集会と呼ぶ地域住民との対話集会を2回にわたって計54回やりました。

車座集会で回ってみて感じたのは、区民の不安や関心事は、福祉に関するものが大きいということです。27ヵ所の地区行政拠点は、ちょうど世田谷区の大体中学校区くらいのイメージで全区的に配置されているんですね。その拠点を、住民との対話を通して、身近な福祉の相談所として活用できないかと考えたんです。

27ヵ所の「まちづくりセンター」に福祉の窓口をひらいていくことにしました。高齢者福祉や介護保険の事業所である「あんしんすこやかセンター」（全国的には地域包括支援センターと呼ばれている）や、社会福祉協議会なども27地区を活動範囲としながら、事務所の多くはバラバラに存在している。これらの三者をまとめてつながりを強くして、身近な福祉の相談窓口として一体化しようと企画しました。

たとえば、高齢者の方が倒れたり、介護の必要が生じた時は、世田谷区であれば、「あんしんすこやかセンター」に連絡します。一方で認知症当事者の参加もできるサークル活動は、社会福祉協議会がきめ細かく支援しているんですが、これまで、お互いの情報の交換は十分でなかったんです。福祉サービスに初めて接する高齢者や家族にとって、制度や組織が複雑で、どこに話を聞いてもらえばいいのかわからないという声も多かったんです。27ヵ所の「まちづくりセンター」とは、そうした窓口をひとつにし、地域に密着した場所に設ける試みです。これを、「地域包括ケアの世田谷モデル」と呼んでいます。

これからの行政改革というのは、行政資産の費用対効果を最大限に上げていくことです

余談になるかもしれませんが、実は区役所はたくさんの建物、スペースを持っているんです。世田谷区が管理している建物・施設だけで、大きいものは学校から、小さいものに

なると倉庫まで、700を超えるんですね。

車座集会などで住民の話を聞くと、どの地域でも共通の話題となるのが、「場所に困っている」という話です。公共の集会施設等の予約競争が厳しくて、地域で集まって会合をしたり、相談をする場所がない、という悩みがあるんですね。会社を作りたいとか、アトリエで作業したいとか、音楽や演劇、ダンスの練習をしたい等、活動の意欲や需要はいろいろあるんだけど、人口が多いこともあって、とにかく場所を探すのに一苦労。たとえば、社会福祉協議会に関わる健康づくりや趣味を楽しむグループもたくさんある。住民の地域活動が活発なのはいいことですが、場所不足は深刻です。この頃、若い世代の中で、空き家利用が盛り上がるのも共通の要素があると思います。

実は「空き家」は区の施設にもあります。「時間空き家」とは、土日や夜間に閉じている未利用状態の施設を言います。区が管理している児童館は、18時を過ぎると閉館です。では、その後の時間を、大学生やサラリーマンが利用したらどうなるか。それ以外にも、土日に使われていない学校施設や、主に朝から夕方まで利用されている高齢者の施設など、いろいろです。

これらのスペースを地域に潜在する社会資源だと位置づけて、住民の方々に運営と管理をお任せして、活用してもらうことはできないかと考えています。通常、子ども施設と高齢者施設は区の担当部署が違っているので、両者が融通し合いながら、住民利用の利便性をはかることを行った経験はあまりない。区の組織図の上では縦割りだったものを横つなぎにして、管理してもらうわけです。これからの行政改革というのは、行政資産の費用対効果を最大限に上げていくことです。行革というと、住民サービスを切るというマイナスのことばかりが言われるわけですが、未利用の公共空間を活用して、趣味の活動や研究会の開催が可能となり、いいアイデアが出てコミュニティが活性化したり、楽しかったという場が多くなれば、地域は明るくなっていくと思います。

行政が住民に対してなんでも用意しますという従来の関係が変わってきていると感じます

住民の方の力を生かすというテーマでは、災害への対応もあります。

災害時において、行政の機能の継続には限界があると言われます。実際、世田谷区の職員のうち区内居住者は4割ほどですから、夜中に大きな地震でもあると、現場で動くことのできる人は限られますし、交通機関が途絶したら多くの職員が、すぐには集まることもできないのが現実です。

災害対策を考えると、地域に住んでいる住民同士で力を合わせてサバイバルしないといけない場面が出てくる。防災専門家の助言をもとに地域住民自らが災害対策を練り、備える話し合いの場を作ろうと考えたんですね。それが、27ヵ所のまちづくりセンターを活用して行った、「防災塾」でした。

この「防災塾」では、「72時間、地区の力で生き延びるには」をテーマに、防災専門家の方を招いて、居住している地区が大きな地震や火災に見舞われたことを想定して、グループ討議をしていったんです。平成26年度から3年がかりで「防災塾」は続きました。そして、平成28年度には、災害対策基本法に位置づけられた、住民自身が作成していく地区防災計画を27ヵ所で策定するよう準備を進めています。

現在は大変に熱心な議論が交わされている「防災塾」ですが、スタート時には、「ただでさえ地域の会議体が多いのに、また違う会議をやらないといけないのか」との声もありました。それでも、防災塾を2年続けていると、区内の各消防署長や東京消防庁も意義ある取り組みとして、注目し、評価してくれるようになって、だんだんと参加者も広がり軌道に乗ってきました。行政が住民に対して固定的にサービスを供給するだけの体制ではなくて、災害時を想定し、住民主体で計画を立て、平常時は行政とともに智恵を出すという関係に、だんだん変わってきているのを感じます。

東日本大震災の影響は大きかったと思います。被災地にはこれまでに10回くらい足を運びましたが、よく知られているエピソードで「釜石の奇跡」と呼ばれる話に出会いました。震災が起きたとき、鵜住居《うのずまい》地区の海岸の近くにあった小・中学校の子どもたちが避難をしようと、防災訓練で習った高台にある高齢者施設にたどり着いた。ここまできたらもう大丈夫だろうと避難を終えたつもりでいたら、子どもの中から「先生、もう少し高いところに行こうよ」という声が上がったといいます。先生も、それなら、もう少し高いところまで移動しようとその場を去って、さらに登って移動して高台に到着してみると、ふり向くと津波がやってきて、さっきまでいた最初に避難した高齢者施設を呑み込んでいったというんですね。

結局、子どもたちは奇跡的に全員助かった。子どもたちが教えられてきた、津波に対する危険回避というのは、とにかく動けるならできるだけ高いところに上がっていけということなんですね。子どもたちがそこをよく覚えていて、その通りに実行した結果だったわけです。

私にその現場を案内してくれた釜石市の職員の方は、「釜石の奇跡と同時に悲劇もありました」という話もしてくれました。子どもたちもいた小・中学校からそう離れていない場所に、防災センターがあった。この防災センターの建っている場所は海にほど近い平地だったそうです。本来は津波の際の避難場所ではなかったのですが、悲しい勘違いが起きた。

大人たちは地震の直後に、この防災センターに逃げてきて、防災センター＝避難する場所なんだからと、安心してくつろいでしまったそうなんですね。そこへ津波がきて、大勢の方が亡くなったそうです。子どもに対しての防災教育の効果はあったけれど、大人に広げるのは、これからという時だったそうです。

被災地に行って話を聞いていくうちに、命が助かった、生き延びた人たちが中心となって、住民の方々が自発的に考えて行動を起こしたケースがあった。行政機関が機能しなくても、学校の先生だったり、工場の経営者だったり、いろんな人たちが臨時の自治的組織を設けて、避難所を運営しているかたちです。

災害が起きると、交通機関も途絶えるだろうし、電話も通じない、無線も届かないということもあるでしょう。行政に「どうなってるんだ」と問い合わせることさえもできないんですね。だから、行政機関がストップした災害の直後に、住民同士が自分たちで何をどのようにやるか、想定された状況を災害の起きていない平常時にこそ、みんなで考えておくことが大事だと考えました。

これまでの契約に比べて節減された電気料金の効果は、2億円になりました

2期目の選挙戦では、脱原発については、「原発は再稼働せず廃炉へ」と訴えたんですが、

同時に「エネルギー革命の旗手となることで、脱・化石燃料の先端をひらきます」と掲げました。エネルギー問題での取り組みで反響が大きかったアクションに、区の大口電力契約の新電力PPSへの切り替えがありました。これまでの東京電力との契約に比べて、節減された電気料金は、平成26年度で1億円、平成27年度で2億円になりました。

自然エネルギーについては、住宅が密集している世田谷区でできることは限られています。大きな空き地に風力発電所やメガソーラーを作るスペースはないのですが、空から見ると住宅の屋根だけはたくさんある。屋根に大々的にソーラーパネルをつけようということになり、このプロジェクトを「世田谷ヤネルギー」と命名して（笑）、世田谷サービス公社（区の外郭《がいかく》団体）が全面的にキャンペーンをやるので、メーカーには安く提供してほしいとお願いしたんですね。当時、シャープが、通常は3、4キロワットで150万円くらいかかるところを120万円くらいに抑えてくれて、国と東京都の補助金を使うともっとも安いと約80万円で設置できるということで、かなり格安となった。このプランを発表すると問い合わせが殺到して2000件にものぼり、世田谷区内での太陽光発電の普及を後押ししました。

また、世田谷区立太陽光発電所（420キロワット）も出来ました。区が三浦市の見晴しのいい高台に保有していた、区立健康学園の跡地を、太陽光発電所として再生させたのです。この太陽光発電所のつくり方にも工夫をこらしていて、実は設備投資では区の持ち出しはゼロにしました。初期投資は企業が出資して、太陽光発電ができる状態にまで整備をします。企業が設置・運営する太陽光発電所を、区がリースしているという格好にしたんです。区は毎月リース料を支払うんですが、発電した電気を売買することで収入を確保して、差し引き年間約500〜600万円の収益を上げる事業となっています。もともとこの土地は、1億円くらいの価格で売れないかと買い主を探していたようなところでした。年間500万円の収益を上げていくなら、20年もたてば1億円は超えるだろうと思います。単なる売却より有効活用できる事業スキームでした。

さらに、多摩川をはさんで隣合う政令指定都市の川崎市と包括協定を結びました。協定の内容は、主にエネルギー問題が基軸となりました。近い将来を見通して、水素エネルギーを使った、小規模分散型電源の確保を意識しています。

水素カー（ＦＣＶ＝燃料電池自動車）を開発しているトヨタやホンダの技術者たちと話

していると、ＦＣＶは動く小型発電所だということがよくわかります。災害時に停電してもＦＣＶを非常用電源として活用できるのです。大きな発電所から遠距離の送電線を介して電気を供給するのが大規模集中型電源だとすれば、家庭内に小さな発電機を置き、ソーラーパネル等と組み合わせて自立型で電気をまかなうイメージです。技術者たちは、将来の小規模分散型電源のひとつとして、家庭用燃料電池を想定していることがわかってきました。

水素の日本最大の供給元というのは、川崎市なんです。最先端の技術を持った千代田化工建設と川崎市が協定を結んだという話をニュースで見て、興味を持ちました。また、水素発電所が日本で初めて計画されているとも聞きました。まあ、川崎市の福田紀夫市長と公式に会った後で、市長も私も共通に通っていた居酒屋があったので（笑）、そこで一杯やろうということで話も盛りあがり、協定を結ぶまで話が進みました。

川崎市が148万人、世田谷区が89万人ですから、合わせると237万人となります。川崎市との間では、環境問題を扱ったシンポジウムをお互いに開催したり、子どもたちの交流も始まっていたりします。

もっと小さな規模のエネルギー活用の企画も始めています。群馬県川場村というところに、小さなバイオ発電所がつくられます。製材所から出る端切れや廃材などを燃やして発電をしていきます。その小さなバイオ発電所と世田谷区をつなぐアイデアです。

バイオ発電所でつくる電気というのは、わずかに一般家庭の40軒分くらいなんですね。まだ小さな規模です。ただ、このプロジェクトに世田谷区民に資本参加してもらおうということも考えています。配当は、必ずしも金銭でなく、シンボリックに村で採れるリンゴや米、野菜などにして、原発や化石燃料由来でない電気を使いたいという区民に参加してもらおうとしています。

川場村と世田谷区は姉妹都市以上の「縁組協定」を締結して以来、活発に交流してきた歴史があります。「縁組協定」とは、姉妹ではなく、夫婦に例えたものです。200人くらいが宿泊できる施設を2つ、世田谷区の区民健康村としてつくって以来、川場村は、世田谷区の小学生が5年生になると1回は泊まりに行く、そういうところなんです。

都市と農村の交流の中で、世田谷区にある東京農業大学の鈴木忠義先生が川場村に行って、そこに道の駅を創設する助言をすることにもなったんですが、発想が時代を先取りしていました。全国的な標準型の「道の駅」とはまるで違うものがつくられたのです。5ヘクタールもの広大な土地に農産物直売所だけでなく、食事処もいくつもあり、ビール工場や焼きたてのパンも人気、ハムやソーセージの「海賊焼き」には行列ができていて、陶芸や木工の体験もできる。子ども連れで半日ゆっくり滞在できる空間です。「田園プラザかわば」という道の駅は、人気が高まって、来訪者がなんと年間180万人になって日本一になりました。

自治体同士の交流も、もっと深めていきたいと思っているんです

自治体同士の交流も、今後もっと深めていきたいと思っているんですね。

毎年夏に「せたがやふるさと区民まつり」という2日間で32万人くらいの方が集まる世田谷区最大のお祭りがあります。毎年8月、1週目の土・日に世田谷区の馬事公苑で開いています。会場の入り口のけやき広場に40くらいのブースが並んでいるんですが、それら

はすべて全国から参加している自治体のブースなんです。

世田谷区では「ふるさと区民まつり」に出店・参加してくれている自治体を「交流自治体」と呼んでいます。この交流自治体も時間と共に数を増やしていったようです。たとえば、大場啓二元区長の出身地の村（山形県最上郡舟形町）をはじめ、区内の団体の紹介を受けて参加するようになった等、輪を広げていきました。

区長になった私は驚きましたね。というのも、40の参加自治体のうち、なんと10を超える市町村長など自治体の首長が来場しているというんですね。特産物のPRや観光への取り組みを訴えるためにです。これは凄いことだと、早速、首長のみなさんに呼びかけて「ふるさと区民まつり首長座談会」を開催して、エネルギー事業での連携を持ちかけました。このお祭りでの交流を深めながら、２０１５年11月には世田谷区の呼びかける「首長会談」を開催し、16の自治体があらためて集まって、交流を深めました。

もうひとつ、是非やろう！と音頭を取って開いた集まりに、「学長懇談会」があります。世田谷区には、実にたくさんの大学があるんですね。国士舘大学、駒澤大学、産業能率大学、昭和女子大学、成城大学、多摩美術大学、東京医療保健大学、東京都市大学、東京農業大学、日本女子体育大学、日本体育大学、日本大学商学部、日本大学文理学部という13の大学があるのですが、その学長のみなさんに集まってもらう懇談会です。2014年に初めて開催し、区と大学の事務局同士で連絡、調整を深め、区内にある13大学の専門分野や知見を生かし学生の地域参加を促すなど成果をあげています。この大学の集まりと、先の自治体の集まりのネットワークを重ねると、自治体や大学にとってすごいメリットが生まれてきそうなんですよね。

情報や人材、それらを結ぶしっかりしたプラットホームがあるということは、目に見えない潜在的な資源です。これは、世田谷区の強みだと思うんですよね。交流自治体はいわば友達の自治体です。友達が多いかどうかというのは、金銭に換算できない資産だと、大切にしたいですね。

こうしてふり返ってみると、1期目の私の仕事は、これまでに取り組んできたことを掘り起こし、また新しい角度から照らし出して再定義するような仕事のしかただったと思います。

世田谷区から文化・芸術を発信していきたいというのも、大きな公約のひとつです

世田谷区から文化・芸術を発信していきたいというのも、私の強い思いでした。

世田谷区は民間の不動産関係の人気度を調査する「住んでみたい自治体」のアンケートをとると、1位や2位と、上位なんですよね。自治体としては長く集積してきたイメージで世田谷区が上位の評価を受けているんです。

このような評価と好印象を形成していったのは、30年前に都立砧公園の一角に開設した世田谷美術館や、あるいは20年前にできた世田谷文学館、さらに同じ時期にオープンした三軒茶屋キャロットタワー内の世田谷パブリックシアターやシアタートラム等による文化発信です。過去の文化政策への投資が時間とともに蓄積として効いていると思います。世田谷美術館でボストン展（2014年6月〜9月）などやると、20万人もの人が集まってくれます。世田谷文学館は、開館当時には東京23区初の近代総合文学館だったんですが、ジャンルの枠にとらわれない文学館をうたっていて、最近では漫画家の浦沢直樹展をやり

ました。世田谷パブリックシアターは、演劇の公演を中心にシティホールとしてはかなり高い評価を得ていて、2年先まで公演予定が埋まっているような状態なんです。

音楽でいうと、二子玉川駅から歩いていける岡本というところに、松本記念音楽迎賓館という施設があります。パイオニアの創業者が建てたもので、民間の施設ですが、海外の賓客をもてなす茶室とか、ガーデンパーティができる庭とか、ちょっとした演奏会ができるホールなんかがある。ここではクラシックからロックまで、いろんなジャンルの音楽関連の集まりをやっています。

他に類を見ないプロジェクトとしては、ジャズ・トランペッターの日野皓正《てるまさ》さんに校長をお願いして継続している、ドリームジャズバンド・ワークショップがあります。これは、世田谷区の公立中学生だけが参加することのできるワークショップで、全部で40人くらいのビッグ・バンドを短期間で立ちあげていくんですね。5月に新メンバーに入ってきたその中学生たちを、日野さんと専門のプロ・ミュージシャンの人たちが講師になって、21回くらい集中的に厳しく練習する。そして、3ヵ月後の8月にはパブリックシアターのステージでライブ演奏で練習の成果をお披露目するんです。ひとりひとりにソロ・パートが用意されていてね、300人を超える聴衆の拍手を受けている時の中学生たちのガンバリと晴れやかな表情が感動的です。これも人気が高まっていますよ。

文化ということでいえば、二子玉川の再開発の完成にともなって、東急が10ヵ所のスクリーンを持つシネコンをスタートさせ、社員８０００人の楽天の本社が移ってきたり、「蔦屋《つたや》家電」がオープンしたり、大きな街の変化があります。やっぱり地域の人たちが中心になって、発信する文化やまちづくりも大切で、「二子玉川エリアマネジメントシンポジウム」に積極的に参加し協力しています。区の都市戦略として、二子玉川と三軒茶屋、下北沢の３地域を広域生活・文化拠点と位置づけて結んだ、三角のラインで文化を考えていこうとか、そういう試みも始めています。

世田谷区では「まちなか観光」と題して、世田谷区らしい観光を生み出そうとがんばっています

ちょっと意外かもしれませんが、世田谷区で観光を考えてみます。

墨田区にスカイツリーができてにぎわったから、じゃあ世田谷にももっと高いタワーをと考えるわけにはいかない。モノ真似や二番煎じでは鮮度も落ちる。同じ土俵で勝負せずに、スカイツリーが空高く見上げるシンボルであるのなら、視点を反転させて、足元を見ていこうと考えた（笑）、観光を考えるみなさんと雑談しながら、そういえば世田谷には馬事公苑がある、馬がいるじゃないかという話になった。しかも、馬事公苑には立派な馬車があり、苑内を巡っている。この馬車を街に出してみようという企画を、ＪＲＡにお願いしました。

「この馬車は地域貢献でイベント等で活用してもらえますよ」と快諾をいただき、ＪＲＡの職員の人たちが馬と馬車を準備して、三軒茶屋の西友ストア前から、茶沢通りの坂の下まで試験運行させたんです。ホコテンに登場し、街なかを走る馬車に乗った親子連れは喜んでいました。「あれ、馬車が走っているよ！」とすごい人だかりでした。

今の時代に、観光といっても、いわゆる「箱モノ」を用意してどうぞお入りくださいとやっても、もはや人は集まってくれない。地元に根がちゃんとあって、人々が普段から集まってくる朝市は飽きないし、楽しい。「住んでよし、訪れてよし」がキーワードでやっぱり来訪者も楽しめて、わくわくする。こうした試行錯誤をしながら、世田谷では「まちなか観光」と題して、世田谷らしい観光を生み出そうとがんばっているところです。

私の就任以前は、区長記者会見は年2回でした。私は1期目の4年間で62回やりました

就任当初の私が苦手と思われていたのが、財政運営でした。先にふれたように、財政体質は好転しました。「借金ゼロ」「赤字財政の黒字化」という結果を生みました。

区長という仕事でいえば、財政をコントロールすることが最重要です。区の財政を悪くすることは誰も望んではいない。リーマン・ショックの影響を受けて、財政運営はとても厳しかったし、就任当初は悪い状況から脱出させようというのは、第一義的な目標でもありました。

区の収入を増やすために、区民のみなさんには協力を仰ぎました。区民会館の使用料を

値上げしたり、保育料を低所得者に配慮しながらも、値上げしたんですね。新規に打ち出す政策も、新電力への転換だったり、初期投資ゼロで区立施設の太陽光発電所への転換だったり、基本的に財政の持ち出しのないものばかりでした。そうした努力と、リーマンショックから少しずつ経済が回復していったことで税収も増えてきて、22年ぶりの「借金ゼロ」が実現されたんですね。

保育料の値上げなどは、歓迎されるものではありません。それでも、保育関連予算は、現在、すでに250億円（人件費除く）を超えています。さらに保育園を充実させるために、財源が必要です。負担増ですからもちろん、疑問や反対意見はいただきました。

情報公開が大事なんですよね。ただ値上げをするというだけではなくて、事業の目的と成果は何なのか、収支の状態はどうなっているのか、これからサービスは充実するのか維持されるだけなのか、そういった関連情報を積極的に開示していくしかないんです。くり返しそれを伝える努力をしました。

私の就任以前は、区長記者会見というのは年に2回だったそうです。就任後、私は定例記者会見を年間15から16回くらいやりました。1期目の4年間だと62回でした。そうして、区で取り組んでいること、自分の考えていることを積極的に発信しました。また、オープンガバメントといって自治体情報を開示して、誰もが自由に加工できる取り組みも進めました。

「区長へのメール」という、誰でも投稿できるいわば目安箱のようなものも開設して、区民のみなさんと意見を交換できる場を作っていったんです。私の毎日は、この区民の声を聞くことから始まります。

ジャーナリスト時代の最後の4、5年は、批判だけに止めるのは、やめました

質問されることも多く、そのたびに自分でも考えるんですが、果たして国会議員をやっていた私と、今、世田谷区の区長をやっている私の、どちらが資質に合っていたんだろうかという問いです。

国会議員になる前、私はジャーナリストでした。ただ、ジャーナリストでありながら、

いわゆる評論に終わることはあまり好きではなかったですね。いじめの事件が起きると、現場を取材してレポートを書くなど、ジャーナリストの私は忙しくなるわけです。本を出したりテレビの特集を企画したりしました。しばらくすると、今度は全国から講演に呼ばれます。それが一段落したくらいに、いじめの事件が新たに起きるんです。そして、また忙しくなる。子どもたちのいる環境は何ひとつ改善されていなくて、くり返し悲劇が起こる。「いいのか、これで」と、そのとき胸が痛みました。続けてきた仕事に行き詰まりを感じてきました。それと同時に、取材を進めていくと、学校現場や行政も困っているんだという実態がわかってきたんですね。

ある県の教育委員会で、いじめ対策の予算がついて、具体策を考えるんですが、知恵がない。私もジャーナリストとして教育委員会の対策を調べました。少し驚いたのは、緊急の取り組みとして、「いじめ撲滅のアドバルーンを揚げる」という結論に至っていたことです。文字どおり、アドバルーンを揚げる。そこに記されるキャッチフレーズを想像すると、おそらく「なくそう、いじめ。守ろう、いのち」だろうと想像できます。空に揺れるアドバルーンにいったい、どんな効果が生まれるのでしょうか。加害生徒側がこれを見て止まるほど甘くはない。また、被害生徒が励まされることもありえない。これはもうアウトだと思いました。

これまでの私だったら、批判の対象にしています。ジャーナリストとして、「アドバルーンは何を語るか」と厳しく指摘し、予算の無駄遣いを問題にすることが習性であり、仕事だったわけです。でも、そうしませんでした。

ジャーナリスト時代の最後の4、5年は、批判的な評論や言説だけに止めるのは、やめました。自分が安全地帯にいて、批判だけをくり返していても、子どもの生命は救われない。これまでの考え方、意見の言い方を思いきって、切り換えました。困難な課題に直面して苦労している行政の後ろから肩でも揉もうじゃないかと、学校や行政のみで抱え込まないで、一緒に解決策を考えましょうと、そういう気持ちが強くなっていました。

ジャーナリストの仕事として警鐘を鳴らしたり、市民運動の力でシンポジウムをやったりしても、あいかわらずの「いじめ」が変わらないなら、そうした私たちの活動や声が社会に届いていないという責任もある。悩み苦しんでいる子どもに届く具体的な何かを実現させないことには、私たちも、ともにこの悲劇を生み出している当事者であると考えました。この際、実際にいじめられた子どもが逃げ込める場所を作るとか、子どもが直接、SOSを訴えることのできる電話をつくれないのかとか、議論の帰結点に具体的な目標が必要だ、との問題意識を持ち、実現可能な取り組みをめざしました。

だから、国会議員になった時も、問題にしているテーマでなんとか具体的な姿形をもって解決へ歩んでいく、目に見える成果を作りたいと思っていました。ただ、超党派の議員立法等は時間もかかり、各政党の思惑もからむので、そう簡単に思うとおりにはいきません。

そして、区長に就任してみて、大きなことから小さなことまで、毎日意思決定と政策判断の連続の日々が始まりました。制度を変える、現実を変えるという意味では、やはり、区長という職務は国会議員とは大分違うというのが実感です。

区長の仕事は同時並行でいくつもの判断が求められます。この土地を公園にするのか福祉施設にするのか、あるいは保育施設がいいのか、限られた時間とデータで、いずれにするかを決断していきます。そこには、やはり国会議員と同じ政治家でも、実務色が格段に濃い政治のリアルがあると感じました。

住民と距離が近いのは楽しいことでもあり、時にしんどいこともあります

世田谷区の人口は七つの県（佐賀・島根・鳥取・高知・徳島・福井・山梨）を上まわってます。その一方で、人口89万人という県規模の自治体でありながら、住民ひとりひとりとの距離が近いという特徴もあります。住民と距離が近いのは楽しいことでもあり、時にしんどいこともあります。

たとえば、住宅街に、墓地を作る計画が持ちあがりました。住民からは、反対の声があがりました。宗教法人としての活動実態のうすい休眠法人を利用した疑いがあるとの指摘もありました。ただ、区としては事業申請に対して条件を満たしているか否かを客観的・公正に審査しなければなりません。きちんと時間をかけ、段階を踏んで審査を進めました。

保健所にも申請内容を吟味してもらって、細かく整合性を質した上で、区として不許可ということにしました。その判断をするまでに、予想外に時間がかかりました。施設に反

対する住民の間からは、「判断が遅すぎる」「区長は何を考えているんだ」との声もあがり始めていました。

一方で「不許可」という判断が不服だということで、首長が訴えられるリスクもあるんです。慎重に法令に従った手続きを進めました。結果として、住民の理解を得ることができましたが、神経を使う日々でもありました。

あるいは、27ヵ所の車座集会だと、意見や要望が集中的に出てきて、これはもうさばききれないほどでした。特に就任したばかりの1期目は、私自身が区内のことをあまり知らないものですから、車座集会27ヵ所で延べ500名の区民から質問を受けても、即答できないことのほうが多かったりしました。カラスの害から近隣の騒音問題、長年の経過のある道路問題、学校から保育園、高齢者介護にコミュニティと意見・質問が続きました。

ただ、車座集会で耳を傾け続けて、区民とのやりとりも蓄積していく。ある量に達すると、おもしろいもので私の身体の中で声を受けとめ、解決策を考える、政策的な座標軸みたいなものができてきました。住民の関心が高く要望の多い問題に優先的に取り組み、自分の仕事に割り当てる時間の費やし方を考えていくようにもなりましたね。

私が住民との対話をやめないのは、区が行っていることがどこまで伝わっているか、確かめたいからです

こうして、住民との対話で得るものは大きいのですが、それでもやはり身体的にも精神的にもタイトです。

それでも、私がこうした対話をやめなかったのは、区が行っていることのいったいどこまでが住民のみなさんに伝わっているのか、そこがなかなか体感することができず、確かめたかったからなんですね。

重要なことは、くり返し住民のみなさんにお知らせしています。区で広報を行っているんですね。ところが、車座集会で実際に聞いてみると、私たちが発信していることは、伝える側が想像するほどには、伝わってはいないことがわかるんです。

たとえば、重要政策のひとつで「区内27ヵ所のまちづくりセンターに身近な福祉の窓口を作ります」という制度のスタートは、きわめて重要な情報であり、区民に知ってほしい

事柄です。窓口では高齢福祉から、障害・子育て等福祉のサービスについてや、身近なテーマの相談をお聞きします。ただし、この窓口はみなさんの悩みをすべて解決するような機能ではなくて、必要な情報を提供したり、専門的な福祉サービスにつなぐ場でもあります。

一方で、区民の自主的な福祉グループや、区民参加で顔の見える支え合いをつくり出していくことも目的なんですと、区の広報紙で宣伝しています。それでも、車座集会等で実際に住民の前で直接、集会に出て話をしてみると、この制度の基本イメージすら理解されていないことに気づかされる。「そんな話、はじめて聞いた」という反応も珍しくありません。

直接対話の重要性はもちろんのことですが、89万都市では限界があります。一方で、伝え方そのものにも問題があると思いました。たとえば広報の紙面を区民・生活者の目で見直してみる。知らず知らず役所特有の言葉が並んでいるんですね。これでは、住民の方はわからないです。役所言葉を排除して、誰もがわかりやすくすることが最優先になっていない。こうした点もこれから変えていきたいと思っていますね。

縦割りじゃなく、関連部署が垣根を越えて結びつき、解決する方向に向かうんです

国会議員時代の仕事は、いわば一点を掘り下げるような役割だったんです。これだと思ったテーマに攻め込むための調査を徹底的にやっていくことで、問題の所在を明らかにしていく。一方、区長の立場からすると、あまり深い縦穴に入っていくよりは、現に存在している課題や、潜在的にある問題をできるだけ広範囲に大きくとらえるような感覚が求められます。そこでは、関連する政策をつなげたり、組み合わせていくことによって、解決の糸口を見出すような作業なんですね。

新たな仕事の組み方も進めました。これまでの役所の組織を見直して、縦割りで分割されている組織を横つなぎするような、これまでにない柔軟なやり方なんです。私はそれをマッチングと呼んだんですが、職員たちは最初は戸惑っていました。「マッチングとは何か?」「それはこれまで言ってきた連携とは違うのか?」と、皆、真面目なので、区役所内についにはマッチング研究会までできて、「縦割りから横つなぎへ」を意識した方法論

を創り出せるように努力してくれたんです。

たとえば、ふたつの学校が統合されてひとつになるとします。統合されて子どもがいなくなった学校の跡地には、「子どもたちの声が聞こえる機能がほしい」という声が住民から出てきた。そこで、児童館と保育園と住民コミュニティ施設を作りたい。これまでだと、これら学校統合は教育委員会が受け持っていたんですね。ところが、学校から別の施設に転換することになると、教育委員会では、どうしても間接的になってしまう。そこで、住民との学校跡地利用のワークショップでは、児童館のことは児童課が、保育園のことは保育課が、住民施設のほうは地域担当の地域振興課が直接、参加しました。住民と担当課が相談、協議するようになって、学校施設の活用案が、住民と行政担当者がイメージや検討プロセスを共有してできあがりました。

つまり、マッチングによって資産やスペース、そして時間が有効活用されているんですね。そして、単一の部署がすべてを背負うんじゃなくて、関係する部署が垣根を越えて結びつき、専門家や事業者、優秀な提案を持っている住民、すべてを集めて解決する方向に向かうんです。これが目ざしているマッチングです。

こうした成功例がどんどん積み上がっていくと、区役所の仕事の形も変わっていくんじゃないかと思っているんです。

以前は、悪しき「お役所仕事」を作りだしてきた「縦穴にこもる」という考え方もあったとのことです。区民から問い合わせやクレームが来たとして、まずは動かずに自分の担当かどうか見きわめるというもので、むやみに目の前にきたそのボールは取るなというものだったんですね。つまり、自分たちの部署の仕事かどうか、よく考えて動け。こうした考え方に、定型的な業務をくり返していく縦割り組織を、効率的に運営するための合理性があることは私も認めます。ただし、住民の側に立った視点はそこにはない。そもそも縦穴にこもるので住民の姿も見えないし、声も聞こえない。余計なことには手を出さないと最小化に向かって行政サービスは硬直し、住民の評判は悪くなる。必ずしも効率がいいとは言えません。これが縦割りの限界ですよね。

だから、住民が何か提案しても、調整する待ち時間ばかり長い。何回か足を運んで廻りまわって最後に事務的な対応をするところが出てくるようでは、効率がいいとは言えない。最初に住民からのボールを受けた部署が、パスをまわしながら時間をなるべくかけずに最初の情報を出して、取り組むように転換したいと思いました。

住民自治を進める世田谷区の動きが、実は国政にも影響するんじゃないかとひそかに思っているんです

世田谷区は、元区長だった大場啓二さんの時代に、住民参加の行政が花開いた時期があるんですよね。1980年代から1990年代がそうでした。緑を保全していこう、そのためのトラスト基金を設けようと、税の減免がある市民緑地が増えていって、こうした公共的資産を区民のグループが管理していくという参加と協働があったんですね。規模は縮小したものの、前区長の熊本啓之さんの時代にもそれは引き継がれていったんです。だから、私もそのバトンを引き継いで、さらに活性化をはかり、呼び覚ましていきたいと思っています。こうした過去からの積みあげられた資産には、たいへん助けられています。

住民自治と「参加と協働」を進める世田谷区の動きが、実は国政にも影響し、反映する

ということもあるんです。

というのも、世田谷区は、東京の最大規模の自治体ですが、89万人の人口がいて、いくつもの県や、政令指定都市を超える規模です。そして、区内にはかなりの数の政治家や経済人、ジャーナリスト、そしてそれぞれの省庁の官僚も住んでいるんですね。これはけっこう大きいことだと思っています（笑）。

日本は今、壊れ続けています。社会の病理や矛盾が解決されて、見通しがついて何かが良くなった、改善されたという実感が残念ながらとぼしいまま、さらに人々がばらばらになる遠心力が働き始めている。

それでも、国の行政を司る現場の官僚たちは、高齢者福祉に関しても若者支援に関しても一生懸命考えているんですよね。彼らも実績をつくり、制度設計の実証的な成功体験を持ちたいはずなんです。人口規模も社会的波及力の点でも、世田谷区には新しい企画や制度を受け入れる気風があります。実際、世田谷区から発信した政策が国の政策になるということは、過去にもありました。介護の24時間見守りサービスや障害者の移送サービス、まちづくり条例などが、あげられます。

これまで政治を変えるということがさかんに叫ばれてきて、与野党で国会の多数派を争奪するプロセスを経て、一度、政権交代という形で変えてみたのが、2009年でした。新しく政権の座についた民主党はというと、「脱官僚・政治主導」と最初は意気がっていたけど、時間が経つにつれて自民党がやってきたこととほとんど変わらない、ただの慣れていない自民党だったという印象が残りました。そして、揺り戻しがあり、また自民党政権に再交代していって民主党政権で、手がけたことはすべてリセットされ、結果として、現状追認が強くなり政治が理想を見失っているようなところがあると思うんです。

そんな中で、都市部の自治体でひとつひとつ意欲的な成功例を作っていくことで、国の政策に逆流させ、反映させていけるという点で、この時期に区長になって良かったことだと思っています。

政治は、人間の生存に関与する仕事だと思っています

直接対話を通して感じるみなさんの最大の関心事といったら、「この先、自分は平穏に生きていけるんだろうか」ということなんですよね。政治は、人間の生存のための基本条件と土台をつくる仕事だと思っています。

ところが、かつて私のいた永田町での国会議員当時の感覚を思いおこすと、国民ひとりひとりの顔が見えていなかったと気づかされます。語られる政策イメージが抽象的で、この人たちの生命を預かっているという実感があまり具体的じゃないんですね。

国民の生活の重みを受けとめていないので、年金の運用にしても、株式投資の拡大という話になる。安倍首相は国会で、「年金の市場運用の結果によっては、将来的には年金支給額の削減もあり得る」といった発言をしました。高齢者にとって医療保険や介護保険の現実の負担感は重くなるばかり。年金支給額で最低の生活ができなければ、生存が危うくなり、生活保護の対象となっていく。社会保障は、区長の仕事の重要な基盤の部分です。

日本の場合、福祉政策で抜けていたのは、実は住宅問題だったんじゃないか。ぎりぎりの年金で暮らしている高齢者の方は、毎月7万円とか8万円の家賃を払って、食事もほとんどコンビニのお惣菜でつつましく済ませながら、それでもお金が底をついて、ここ近年は、「下流老人」との言葉も出てきました。

福祉の観点からみた住宅問題の再定義が必要だと思うのです。

例えば、東京都では、児童擁護施策の促進のために、住宅支援を始めました。ひとり親家庭や児童擁護施設退所者等を低額の家賃で入居させてもいいというアパートのオーナーさんには、内装等のリフォーム費用を全額助成するという制度です。世田谷区でも、元々は定住促進のために、区が全室を借り上げ、ファミリー層等に貸出す「せたがやの家」という仕組みがありました。それが今では、駅から遠い物件もあり、空き室があっても区が家賃を支払わなければならなくなっていたのです。子育て世帯の住宅ニーズと横つなぎにし、「子育て家庭支援」の枠を設け、4万円の家賃補助を行なうことにしたら、100世帯を超える子育て家庭が入居しました。

昨今、国会議員の質そのものが急速に摩滅してしまったという印象があります

昨今、国会議員の質そのものが急速に摩滅してしまったという印象があります。その原因は、1996年に導入された衆議院の小選挙区制度にあると思います。この制度だと、政党選択の選挙になりますから、風さえ吹いていれば、どんな人でも「政党の看板」で選挙に勝つことができるんですね。資質は不問です。当選後に議員活動でまったく実績を作れず、有権者から見て何をやっているか皆目わからないような状態でも、次の選挙で公認されれば、また通ってしまうわけです。

しかも、政権の延命のため「解散権」は首相の胸中にあり、いつ発動されるかわからないような状態が続いています。当選を決めた翌日から、次の選挙に向けて代議士たちは走り始めます、というのはたとえ話ではありません。国会での質問や議員立法に力をいれる余裕は、新人なら特にありません。

若手議員の話を聞いていると、どうも、彼らは政治家になりたかった人たちであって、

政治の場で社会をこう変えたいとか、どうしてもこの政策を実現したいという気概を持って出てきた人たちとは受けとれないんですね。皮肉なことに政策を勉強しているのは、先代から地盤を引き継いだ「二世・三世議員」といった世襲議員が多かったりする。全体を見るとバッジをつけ続けていることが目標、そういう人たちが国会に激増してしまいました。

一方、自治体の首長というのは、国政与党・野党に関わりなく、それこそ第3の候補者が当選する可能性だって十分にあるんですね。政党という組織、看板が絶対ではなくて、掲げている政策と政治的力量の勝負です。住民のみなさんは、首長がどんな仕事をしそうか、あるいはどんな仕事をしてきたかを直接見る機会も多く、その採点が選挙なんですね。政治とは何か、政策とは何かを自治体で形づくることで、この国の政治の停滞に一石を投じたいですね。

政治のリアルに向き合っていると、対立している利害を100％満足させることは無理だと気づきます

区長として政治のリアルに向き合っていると、それぞれに対立している利害を100％満足させることは無理だということに気づきます。1期目の選挙時に応援してくれた人たちが求めた「公共事業の見直しの要望」には、十分に応えられない判断もありました。ひとりの政治家の力には限りがあります。そこで、重要なのは現実を少しでも改善する努力をし続けることです。

先日、『ポートランドに学ぶまちづくり〜「暮らしやすさ」の都市戦略』というシンポジウムを開きました。アメリカ西海岸のオレゴン州ポートランドという、テーマを絞ったイベントだったので、人が集まるのかわからなかったんですが、フタを開けてみると定員をはるかに上回る申し込みがきて、結果、会場は満員になりました。

参加者は多様で、いろんな人が来たんですね。商店街の人たちから、下駄を履いた町内

会長とか、郵便局の局長、それに鉄道会社やゼネコンや広告代理店といった都市開発系のビジネスマンたち、さらに、ポートランドの街づくりに興味を持ち、そこから世田谷の街づくりにヒントを得たいと考える人たちや、住んでいる町をちょっと変えたいと思っているような普通の人たちまで、バラエティに富んでいました。

アメリカのオレゴン州ポートランドには、２０１５年秋に３日間訪れて歩いてみて、大きな刺激を受けて帰ってきました。

環境先進都市と言われるポートランドも、今から45年前の１９７０年代には、大気汚染や河川の汚濁が進んだ、中心市街地は果てなき荒廃に向かっているような工業都市でした。それが、住民たちの市民運動によって、川に沿ってあった高速道路を取り払い、水辺には公園を作り、廃墟となった倉庫はリノベーションで再生させ、今では、アメリカでもっとも環境に配慮した都市と呼ばれるまでに変貌したんです。

計画的に路面電車や軽鉄道（ライトレール）を活用して、車に頼らず、徒歩20分圏内で暮らすことのできる街づくりをめざし、自転車利用も促進しました。

若い人がどんどんポートランドに移住してきて、起業する方もたくさん出てきている。

ファッションからスポーツまで発信する情報がたくさんあって、クリエイティヴな街になっているんです。市議会はあるんですが、議員は4人しかいない。基盤になっているのは住区という単位で、ネイバーフッド・アソシエーションと呼ばれる住区の協議会が実質的に自治の担い手としての役割を持っているんだそうです。

この街では、都市整備は戦略的に20年、30年単位で考えているんですね。大事なことは、ポートランドは長期にわたる優れた都市計画で大きく姿を変え、魅力ある街に変わったということです。大きな志を遂げた実例として、都市計画とは何か、都市経営の重要な点を学ぶことのできる都市でした。そうした戦略的で長期的な視点が大事だということなんです。

今、関心があるのは、家族についてです

自治体は人々にとって暮らしの場に身近な政府なんですね。このところ考えているのは、住民の暮らし方の話に関連するんですけど、家族についてなんです。

住民について、日本では伝統的に個人単位というよりも家族という単位で見ます。行政の立場から見るとこれは世帯ということになります。行政は、世帯で住民を把握するんですね。

だから、行政用語で「ひとり世帯」という言葉が生まれるんです。これ、変ですよね？ふたり世帯はわかるけど、「ひとりの世帯」「ひとりの家族」というのは、一般的には使われない言葉です。でも、行政としては長年の慣習でもあり、管理システム上そうなるので、世田谷区でその「ひとり世帯」がどうなっているか調べてみると、これが全世帯の約半分なんですね。3世代同居の世帯となると、ほんの1.5％しかない。

一方、子どものいる世帯で、親と同居しているのは6％くらい。親が近くに住んでいるような世帯は、子どものいる世帯のうち4分の1くらいでした。となると、やはり相談できる親のいない子育て世代は全体の3分の2と相当数いて、そこでは育児のストレスもかかりやすいでしょうから、いろんな問題も起きてくる。

一方、国立人口問題研究所の調査で、65歳以上のひとり暮らしの男性で、「おはよう」とか「こんにちは」、あるいは電話がかかってきてしゃべるといった、日常生活レベルの会話がここ2週間で1回以下だったという人は、6人にひとりの割合でいたことがわかったんです。つまり、65歳以上のうち、6人にひとりにあたる16・7%のひとり暮らしの男性は、2週間、誰とも会話していないわけです。一方、女性のほうはというと、3.4%だそうなので、男性よりは関係づくりがうまくいっていることがわかります。

ひとり暮らしの高齢男性は、昼間は図書館等に行って、食事はコンビニのお弁当を買って食べるような生活を送っていて、特段の会話の機会がないということなのでしょうか。もちろん、本人の意思でそのような生活を選択している場合もあるでしょうから、行政が介入するべき問題ではないかもしれません。

一概には言えませんが、日常的に会話を交わすような関係をもっていないと、孤立死・孤独死の心配もあります。健康管理の観点から言うと、交友関係にとぼしい人たちは健康を害する割合が高いんですね。それから、精神的幸福度が低い状態になると、やはり鬱《うつ》になったりもするだろうし、場合によっては生きる希望を失って、自死をはかるようなこともあるかもしれない。やはり、孤独な高齢男性の問題は、考えていかないといけない。

もちろん、自発的に一歩動くことが大切ですが、コミュニティカフェも効用があるかもしれないと思っています。その地域に空き家でもあれば、そこでみんなでご飯を食べるとか、子どもと出会い、孫がいたらこれくらいかも、そんな触れ合いの場を設けたりとか、なにかしらの団欒《だんらん》が生まれる、そんな場をつくれたらどうだろうかと思うんですね。

これまでは、ひとり暮らしや孤立した生活環境等は、行政が扱う問題ではなかったわけです。だけど、やはり人々の暮らし方を俯瞰《ふかん》して、長期的な視点で見たときに、これからの日本の社会に影を落とす問題だと思います。誠実にこうしたテーマに向き合っていかないと、地域全体に大きな影響が及ぶんじゃないか。

社会の新しいデッサンを描いていくことがこれから求められていくんだと思っているんです

また、政策でいうと若者支援であるとか、自殺防止とかの取り組みとつながっているんですね。若者がうまく社会に適応できていなかったら、これまでは親が面倒見ろという話でしたが、今では高齢となった親にも力がないわけで、そのまま、ただ放置していると若者は潰れていって、働けなくなって、収入の道がなければ、生活保護を受けるということになる。日本のセーフティネットはただひとつ、生活保護しかないんですね。そうすると、財政的には高負担になります。しかも、若い頃から生活保護を受けてしまうと、そこから抜け出せなくなるという問題もある。

だから、若者支援でいろんな場を作って、仲間も見つける機会を設けて、なにかしらまた再スタートできるような環境を作る政策に投資したほうが、長期的に見た費用対効果でいえば断然良かったりするんですね。

高齢者も若者も、これだけ社会の中で孤立してしまうような人たちが生まれている以上、「ひとり世帯」という言葉のもっと先にある、私たちがもう少し過ごしやすくなるような社会の新しいデッサンを描いていくことが、時代に求められていくんだと思っているんです。

第3章

今の自分の原点には「中学生の自分」がいる

なぜ政治家になったのか答えると、成り行きだったということになります

私が国会議員になったのは、1996年10月の第41回衆議院選挙でした。東京22区（調布市、狛江市、稲城市、府中市＝当時）から立候補して、得票数は5位、得票率は5・89％で落選したのですが、重複立候補していた比例東京ブロックで1位だったために復活し、当選したということです。日本で長らく続いていた中選挙区制が廃止され、小選挙区制をもとにした小選挙区比例代表並立制という選挙制度が初めて導入された選挙でした。

実は、政治との関わりは、土井たか子さんを通してです。土井たか子さんが日本社会党委員長になった1986年から丸10年くらい、土井さんの議員会館の部屋や社会党本部には出入りしていたんですよ。教育ジャーナリストの仕事をしながら、社会党の政策ビデオを制作したり、國弘正雄さん（英語の同時通訳の草分的存在からニュースキャスターを経て、政界入り。後に「ミスター護憲」の異名をとる）らと一緒に、土井委員長を支える市

民団体の事務局長を引き受けてシンポジウムを企画したり、社会党の外側から間接的にいろいろ関わっていたんです。

1989年の第15回参議院選挙では、空前の土井ブームが巻きおこり、新人女性議員が続々当選するマドンナブームが起きました。この土井社会党の勢いが頂点にあるときに、私に対して社会党の比例区から若者代表で参議院選挙にでないかという打診があったんですね。その選挙では比例区で第1党となり、20人も当選していましたから、「はい」ってうなずいていたら、たぶんその時に参議院議員になっていたことでしょう。

でも、迷わずにお断りしたんです。我も我もと「出たい」という人が周りにたくさんいた。私じゃなくても誰かいるだろうと思ったことと、物欲しげにひそかに声がかかるのを待っているために、土井さんの周辺で市民活動をしていたと思われたくないというプライドがありました。また、国会議員になってその他大勢に埋もれるよりも、教育ジャーナリストとしての当時の活動のほうが、社会的影響力があるんじゃないかとも思っていましたし。

しかし、教育ジャーナリストとしての仕事のくり返しに限界を感じ、疑問を持ち始めるようになったことも合わせて、最終的には1996年10月、衆議院選挙に出るわけですが、

そこに至る経緯もあっという間のドタバタ劇でした。（笑）
　1996年1月、社会党は社民党に党名を変えるんですが、この年の秋に行われた衆議院選挙までに、社会党の多くの国会議員の人たちが民主党（1996年に結党された旧・民主党のこと）へと移るんですね。ですが、前総理だった村山富市さんは、いわゆる「排除の論理」（当時の民主党は、新党さきがけ・武村正義元官房長官ら一部の政治家の入党を拒否した）ということで選別されて、民主党には合流できずに、社民党に残るわけです。こうして民主党に移れず、また移らなかった人たちの党首として残った村山さんとしては、国政選挙をこのままでは戦いようがないと、土井さんへの急なバトンタッチを思いつく。そして、当時、衆議院議長を務めていた土井さんに、「党首を交代してほしい」と打診することになるんです。
　その時、土井さんから私のもとに連絡がありました。「急いで議員会館に来てくれ」と言うので、何か重大事態だというのはわかりました。ただ、依頼された私の役割は意外なものでした。土井さんと村山さんとの協議の場に、立ち会ってほしいとのこと。土井さんとしては、党の代表は一度やっていて（1986年から1991年まで日本社会党委員長）、大きな成果をあげながらも、1991年の統一地方選挙で不調だった責任を問われ、引きずり下ろされた苦い経験もある。だから、二度目の党首の要請など、とんでもない、勘弁してほしいと言って、固辞なんですよ。一方、村山さんとしては、このシナリオ以外ないので、どうしても引き受けてほしいとこちらもゆずらない。その議論は結果、4日間くらい続きました。

立会役の私の都合がつかない時間帯は、おふたりが交渉を中断して待つということで、プレッシャーがありましたね。最終的に土井さんが「じゃあやりましょう」となったとき、私は合意内容を記録したメモをまとめていました。

その際、村山さんが私のほうを見て、軽い口調でさも決まっているかのように、「あんたも出てくれるよな」と（笑）。土井さんもそれに続いてうなずいている——。9月27日の臨時国会で解散は必至と、各党とも事実上の選挙戦に入っている9月下旬のやりとりでした。10月20日に総選挙が行われ、私が比例区で復活当選したのが10月20日でした。

なぜ政治家になったのかと聞かれて答えると、成り行きだったということになります。同じ選挙で辻元清美さんが社民党から出たとき、周りからなぜそんな泥船から出るんだと言われたそうですが、そのとき彼女は「だからおもしろいんだ」と答えているんですよね。私ものるかそるかの勝負だから、心が動いた。7年前（1989年）の参議院選挙のように、出れば必ず通るような選挙ではなかったですし、前総理と前議長の間の協議の場に立ち会いながら逃げるわけにはいかないと、まさに義侠心ということで出馬を受諾したんです。

投開票の翌朝、新聞を見たら「落選しても国会へ」と見出しが出てる。自分の写真があったという（笑）

ですから、落選も当然覚悟していました。初めての選挙制度なので、得票は計算できないですし。マスコミも、多くが、社民党はこの選挙で消滅するんだと思っていたくらいですから。

そもそも、土壇場で立候補が決まった私は、東京比例区だけで出る予定だったんです。ところが、前の年（1995年）に市民団体が立ちあげた新党「平和・市民」で比例区選挙も経験していた國弘正雄さんが選挙が始まる2、3日前になって、「比例区なんて、それは大海に砂を撒くようなもので、隔靴掻痒《かっかそうよう》だよ。宙を泳ぐようなもの。しかも、比例区だと、タスキには社民党としか書けない。今からでも小選挙区に出るべきだ」と突然言いだして、それで急遽《きゅうきょ》、小選挙区との重複立候補となりました。私が出た東京22区は、旧・民主党に移った、山花貞夫元社会党委員長の選挙区でした。だから、マスコミもにわかに注目したし、ちょっとかきまわしてやろうという気持ちもあったんだと思います。

ですが、急でむちゃくちゃな話でしたから、小選挙区としての事前運動は文字どおりゼロ。選挙カーは選挙戦の始まった当日の午後に準備が間に合って、ポスターは特急印刷でしたから青色1色のモノクロポスターで、小選挙区はほとんど泡沫候補並みでした。

選挙演説といっても、教育ジャーナリストでしたから、朝から晩までいじめや、子どもの環境など、子どもに関する話しかしてなかったですね。今、考えると高齢者福祉や医療の話もしなくてはいけないのに、「子ども」オンリーでした。その結果、小選挙区での得票は、1万3904票でした。当然、小選挙区では落選でしたが、比例では社民党の東京ブロックの1位に登録されていたので、復活当選が決まるという運びでした。

今でもよく覚えているのは、投開票の翌朝に、毎日新聞を見たら、「落選しても国会へ」

という見出しが大きく出ているんですよね。「へぇー、そんな人もいるんだな」と思って、よく見たら、自分の写真があったという（笑）。「小選挙区で10％以下の低得票で、こういう当選の仕方はおかしい」といった、識者のコメントも掲載されていました。突風が吹いた後のような、国会議員としての始まりでした。

私はいわば国会議員の一番最後の末席にひっかかって当選したようなものでした

当選直後、知り合いの編集者（岡本厚さん・現在は岩波書店社長）がいた岩波書店の『世界』に寄稿しました。そこで私は、「落ちてしかるべきなのに、当選したのがおかしいという声は、自分にとって最高のプレゼントである」と書いたんです。国会議員になっても、おとしめられる状況になるのは、自分としては願ってもない素晴しい環境で、ウェルカムだと言いたかったんですね。

これは強がりでも、悔しまぎれの捨てゼリフでもないんです。これまで、土井さんの周辺で当選した途端に、豹変する人たちを身近で見てきたことがあって、当時の実感だったんです。1989年の参議院選挙の翌年、1990年の総選挙でも、いわゆる「おたかさんブーム」は続いていて、社会党はひとり勝ちして、136議席と51議席も増やしたんですね。そこで当選した若手議員たちが、「ニューウェーブの会」と名乗って気勢を上げていたんですが、多くの人たちは団塊の世代＝全共闘世代でした。

ところが、それまで市民運動の代表だった人たちが、議員になるやいなや、ものの見事にこれまでと違う、いわゆる従来型の「政治家」になっていくのを目の当たりにしてきたんです。最初はふざけて演技しているのかと思ったぐらい、短期間のうちに話し方や言葉遣いがまるで別人のような代議士先生に変身していました。やっぱりどうしても舞い上がってしまうんですよ。彼らも元はといえば東大全共闘だったりして、相手にしている霞ケ関の官僚は同窓生じゃないかということになり、「俺たちが日本を動かしているんだ」という高揚感や思いあがりに囚《とら》われてしまうんですね。

一方、私はいわば国会議員の一番最後の末席にひっかかって当選したようなものでした。「小選挙区最低得票数」で、なおかつ「惜敗率で最低当選者」だったんですよ。当選するべきじゃなかったなんて言われるとそれは、ムカッときてくやしいじゃないですか。でも、このことがほんとうに自分にとってバネになりました。

だから、この当選の仕方はハンディキャップを負った形ではあったんですが、むしろ、勘違いをして舞い上がることのないように、あらかじめ指定された議席で特別な存在になったと格別な思いもありました。

漫画みたいな政治家デビューでした

当選した翌日でしたか、「衆議院の白川です」と電話がかかってきました。かけてきたのは白川勝彦さんでした。後に自治大臣になる方ですが、当時は自民党の総務局長でした。その彼がなぜ私に連絡してきたかというと、選挙後の連立政権の話だったんですね。

1996年の選挙結果は、政権運営において、自民党の議席数が239議席と微妙に500議席（当時）の過半数に届いていなかったんです。当時、野党だった新進党（新生党、公明党の一部、日本新党などが集まり1994年に結党。1997年末解党）等も過半数に届かず、社民党が新党さきがけとともに連立政権に残ればようやく過半数に達するということで、自民党と社民党が連立政権を担うのかどうか、とても重要な場面だったんですね。

ところが土井さんはどうも頑固で警戒感も強く取り付く島がないと。それじゃあ、土井さんのそばにいる、新人議員の私に接触しようということだったらしいです。

結局、連立政権協議は連立与党にとどまりながらも、「閣外協力」という、大臣を社民党からは出さないという形で決着します。ぽっと出の私が当選した翌日から政権の枠組みを決める情報戦を担うようなポジションにいたわけです。それは、私の政治家としての出発点でした。

社民党のお家事情ということもありました。衆議院で15人の小党に転落していた上に、なにしろ前衆議院議長の土井さんも前総理の村山さんも、これは慣習上、国会で一切質問しない。国会質問の代打者にも与党の政策協議の場にも、容赦なく駆り出されました。

永田町で権力を表すバロメーターは何かと言われたら、その人物にぶら下がって一緒に歩く記者の数だという話があるんですが、当選して2週間も経たないうちに、10人くらいの記者が私の前後を取り巻くようになりました（笑）。まるで与党幹部扱いでした。

自民党じゃあり得ないことですよ。分裂して小党になった社民党だったから、ありえたんでしょう。かつての社会党だったら、土井さんが言っていましたが、1年生議員に質問をやらせるなんてことは絶対になかった。まして、幹部でもないような議員が与党の政策協議の場に出席するなんて想像もできないわけです。それを、国会議員どころか、地方議員の経験もないような私が、与党政策調整会議に出向くとテレビカメラが待っていて、中央には自民党の政調会長の山崎拓さんがいて、時間ぎりぎりに私が席につくと「与党政調を始めます」と会合が始まる……(笑)。ほんと、漫画みたいな政治家デビューですよ。

10代の頃に内申書裁判を起こして、16年も戦い続けた私が文部省に入ったのは、なんと大臣室だったんです

成り行きと勢いで入った国会議員の世界でしたが、実は政治の政策決定メカニズムの真ん中にいて、それはおもしろかったですよね。

自民党の幹事長だった加藤紘一さんはよく、社民党は人数は少ないから、別にどうして

も連立を組まないといけないというわけではないけど、自民党政権が驕《おご》り高ぶらないように、社民党のみなさんが理解して、これならいいと了解できることであれば、その合意できた到達点が、大体、国民にとってバランスのとれた選択であり、王道を行く政治となるんだと説いていました。

加藤さんもそうですが、山崎拓さん、亀井静香さんとか、そういう派閥の親分たちと私たちがしょっちゅう意見をかわし、体験談も聞く、そういう機会にたくさん恵まれたわけですが、ここは、自民党という組織の懐の深さと、たくましさだと感じていました。

そんな折、小杉隆さんという、当時の文部大臣から、連絡があったんですね。「あの、チャイルドラインって何かについてもう少し聞かせてほしい」とのこと。

当時、私は、選挙の直前まで取り組んでいたチャイルドラインという、イギリスで生まれた子ども専用の電話サービスを初登場した国会の文教委員会で紹介しました。国会議員になってからも、日本でもできないかと牟田悌三さん（俳優。長年にわたりボランティア活動に力を入れる。２００９年没）らと活動していたんです。

「いつでも詳しく説明しますよ」と答えた後、「じゃあ、どこに伺えばいいですか？」と聞いたら、大臣室に来てくれとのこと。考えてみれば10代で「教育の根幹を問う」として内申書裁判を起こして、最高裁で上告棄却されるまで16年もの間、裁判を戦い続けた私が初めて文部省（当時）に入ったのは、なんと皮肉にも文部大臣室だったんです（笑）。

そこで、チャイルドラインの説明を大臣にしていると、文部省の職員が「大臣、そろそろ時間です」と急かしてくるんですね。何かと思ったら、大蔵省（当時）相手に予算の復活折衝に文部大臣が向かうセレモニーの始まるところだったわけです（笑）。まだ話も途中だったんで、私も大臣に同行しながら、文部省の役人たちに玄関で大きな拍手で送り出されつつ、大臣の後ろを大蔵省についていくという、よくわからない展開でしたね（笑）。国会議員であったとしても、野党ではそういう経験は滅多にないことだと思うので。

私の質問で予算委員会がどよめいたんです

1年生議員のスタート時は、1000本ノックじゃないですが、どんなに力まかせに打っても、打っても、次の仕事がやってくるような状態でした。所属している法務委員会、文教委員会の他にも環境委員会から決算委員会、外務委員会から安保委員会まで、質問資料を入れた紙袋をもって、1日に2回、3回と質問に立つこともありました。

それでも、一番困ったのは予算委員会の証人喚問に立ってくれとの依頼でした。案件となったのは、石油商の泉井純一氏が官僚を接待したり政治家に献金したりして、結果、関西国際空港の汚職事件にまで発展した事件だったんですが、私が当選した頃から騒がれていました。この予算委員会の証人喚問の社民党の順番は、一番最後で短時間なので、普通に考えて聞きたいことは、たいがい時間もたっぷりある他の党の質問者がやってしまうんですね。

そこで一計を案じました。国会図書館に、立法考査局といって議員活動を支援してくれる部署があるんです。私は大胆にも、「この質問はうまい！」「技あり！」と評価できる「戦後の証人喚問のハイライト集」といったものを探してくれるようお願いしたんですね。さすが日本最高のシンクタンクだけあって意図をくんで、気持よく作成してくれました。そのハイライト事例の最後のほうに、証人喚問を行う委員会は、喚問を受ける証人に対して、委員会への資料の提出を要求することができると書いてあったんですよ。「ははあ」と、それが重要なヒントになったんです。

私の持ち時間はたった7分でした。土井さんなんか、そんな短い時間じゃ2、3回聞いて終わりだ、何もできないわよ、と決めつけていましたが、私はあきらめなかった。寝る時間も惜しんで、対策をいろいろ練っていたんです。国会議員の間に出回っていた泉井メモという資料、これは泉井石油商会の泉井氏が記録していた大学ノートだったんですが、ほとんど内容が黒塗りされていて読めなくなっていたんですね。証人喚問が始まってみると、ほとんどの議員が、そのメモの黒塗りの部分に質問を集中させて「ここに何が書いてあるんだ」と聞くんですけど、証人のほうは「忘れました」とか言ってはぐらかすだけなんです。そこで、私の番が来たんですが、私は一言、「そのノートの原本を委員会に資料として提出してください」と要求したんですね。その直後、こんなことができるんだと、周囲の与野党議員からどよめきがあがりました。やれるんです。衆議院事務局のベテランはうなずいていました。黒塗りの部分のない原本の写しが後日、提出されました。

同時に泉井氏が大蔵省の幹部にどうやら高額の絵画を贈ったようだと噂されている問題にも応用しました。「今、証人の手元に戻ってきているという絵の現物をこの予算委員会に出してください」と私が要求し、後日、提出された絵を衆議院予算委員会で鑑定するというオチまでつきました（笑）。なんと、「接待」がテーマのシャガールのエッチングでした（笑）。

ビギナーズラックが、国会での質問に私を没入させていった大きなきっかけだったと思います

法務委員会はやっぱり大変でしたね。

当時は日本の社会が変わる時で、商法改正だとか会社法改正だとか、企業の経済活動に関わる法案が次々に俎上《そじょう》に載せられていました。自分なりに咀嚼《そしゃく》しながら、専門家のアドバイスを聞いたりして、年中寝不足になりながらも（笑）、食らいついていったという感じです。それもこれも、「落選しても国会へ」という、あの新聞の見出しが頭の片隅に残っていて、国会議員の仕事として結果を出して判断してもらおうとバネになっていたんだと思いますね。

今、思い出してみれば、ビギナーズラックに恵まれたと思います。

私は、内申書裁判という裁判の原告として、16年間を過ごすという体験をしました。一審の東京地裁で勝訴したものの、高裁で逆転敗訴、最高裁まで上告したんですが、結局は上告棄却という判決（1988年）が下りました。

個人が10年を超えて、司法判断を求め続けるというのは、大変な作業です。だから、最高裁での最後の決着の場面については、その場にいて、自分の目で見たいし、自分の耳で聞きたいと思っていました。ところが、最高裁では、口頭弁論を開く場合は訴訟の当事者に対して期日の予告をするけれども、判決の場合は雑事なので、事前には教えないという扱いだったんですね。どうしても知りたければ、当日の朝に掲示板に事件名を貼り出すだけだと。「○○号法廷　麹町中学校内申書事件」という札を出すというんですね。

口惜しかったですね。そこで、ちょうど最高裁の向かい側に、弁護団の中心にいた中川明弁護士の事務所があったので、そこから法廷の開廷日に毎週掲示板を見に行ってもらって、予告が貼り出されるという動きがあったら即座に電話連絡網で回してなんとか傍聴に駆けつけようと準備していたんです。

ある日、複数のマスコミから翌日の所在確認の連絡が相次いで入りました。「明日どうしてます?」とか「明日、保坂さんのコメントもらえますか? どんな予定ですか?」とか。当時の私は、ジャーナリストとしてメディアの仕事をしていたのですが、明らかに不自然な問い合わせでした。これだけ続くのはおかしいということで、いろいろ探っていくと、どうやら最高裁の判決が明日出るようだとわかったんですね。夜中でもかまわず、支援者を起こして連絡をまわして、翌朝、傍聴席に押しかけました。

最高裁の歴史の中で、口頭弁論を開かない判決の傍聴者は例がなかったんだと思います。法廷に裁判官が入廷したんですが、私たちのほうをずっと睨んで、廷吏《ていり》さんを呼んで何か耳打ちしたんです。すると、私たちが座っていたのは、実は被告人席だったようなんです(笑)。それくらい久しく、傍聴者どころか、当事者の原告も訪れない、誰も座らない法廷だったんですね。結論としては、私たちは負けたんですが、最高裁の人を見下したようなこの姿勢は憲法で定める「裁判の公開」に反していて、おかしいと思いました。最高裁のこうしたやり方を違憲として、裁判で訴えてもいいとさえ思っていました。そして、国会議員になって、法務委員会で最初に質問したのが、実は裁判官の給料に関する法案だったんです。

そこで、質問の前日に裁判所の国会控室に対し、「私は16年も裁判をやった経験がある。いくら民事だといっても、生涯のかなりの時間を費やして訴えている事件に対して、傍聴や出席が事実上無理となる、判決日を事前に教えないというのは、そもそも憲法でいうところの裁判の公開の精神に反しているじゃないか」と質問の論点を予告しました。

いざ法務委員会でこの質問をすると、最高裁の答弁は「これは、大審院以来の扱いでございます」というものでした。大審院って、戦前の話ですよ。司法省にのみこまれていた裁判所は、戦後ようやく独立したという歴史にツバを吐くような感覚の答弁です。ですが、その後がありました。「とはいえ、今回ご指摘もいただきましたので、これからは新民事訴訟法に基づいて、原則として裁判所が原告の方に事前にお知らせすることにします。昨日の裁判官会議で決定しました」と答弁したんです。もう、他の議員は「えーっ！」ってのけぞっていましたよ。ベテランの自民党の議員が私の肩を叩いて「こんなことは滅多にない、質問をして裁判所が扱いを変えるなんてことは」と驚いていました。

後になってわかったのは、裁判所のほうも扱いの変更を事前に検討していたそうなんですね。私が質問を事前に予告したことで最高裁の裁判官会議の場で、原則として当事者・原告への通知をにわかに早めて決定したそうなんです。

ただ、こうした事情は後でわかったことです。質問したその時は、私の質問で裁判所が長年の扱いを変えたと思いました。石のように硬い最高裁判所が、質問したことで変わったという興奮があったんです。国会議員としての最初の質問で、初球をいきなり打ったホームランというか（笑）、このビギナーズラックが、国会での質問に私を没入させていった大きなきっかけだったと思いますね。なにしろその後、3期、11年間で546回というレコードを打ち立て「国会の質問王」と呼ばれるまでになるんですから。

たとえ法務省という堅い役所でも理屈に合わないことを変えていくことはできるんだと思いました

やっぱり、質問の仕方ひとつで動き出すことがある。石の壁のように人を拒絶する制度も、変えていくポイントがあり、そこを掘り下げて問うてみることで、制度が実際に変わることがあり得るんだという、その実感は大きかったですね。

その手応えが、「隼《しゅん》ちゃん事件」につながったのです。

この事件は、当時世田谷区の小学校2年生だった片山隼くんが、ダンプカーに轢《ひ》き逃げされて死亡した事件（1997年11月）なんですが、ご両親は目撃者を求めて大変な努力をされました。ところが、轢き逃げの加害者である運転手はなぜか、「嫌疑不十分」ということで不起訴処分になったんですね。

隼くんのご両親は、検察庁の窓口を訪れて「不起訴の理由が知りたい」と問い合わせるんですけど、担当者は、「当方に処分内容を教える義務はない。法律でそうなっている」と追い返したそうなんです。つまり、当時の刑事訴訟法には、処分内容や理由の告知は、告訴人や告発人に限られるとしていて、この場合、亡くなってしまった隼くんにしかその権利がないという扱いで、遺族となったご両親には何ひとつ教えないという対応だったのです。

これはあまりにもおかしいと思って、下稲葉耕吉法務大臣に質問を投げかけ、テレビのワイドショーも取り上げました。結果、法務大臣がご両親に検察の対応を謝罪して、その後で、交通事故の遺族を含めて「被害者等通知制度」ができるようになりました。

このとき、私は野党の国会議員でしたが、たとえ法務省というもっとも堅い役所を相手にする場合でも、きちんと筋を通して説明を重ねて、ときにはマスコミの力や世論の助けを得ながら、理屈に合わないことを変えていくことはできるんだと思いましたね。

国会議員として2期目の活動は、いわゆる国対でした

1996年の最初の選挙で、比例区で当選した私の小選挙区での得票率が5・89％でした。「落選しても国会へ」と騒がれただけでなく、私の事例が問題視されたんでしょう、いわば「保坂当選防止策」ということで（笑）、公職選挙法が改正されて、小選挙区で10％の得票率を超えていない比例区との重複候補者は、比例区では失格となり、復活当選できないことになりました。

2000年6月に、国会議員2期目となる第42回衆議院選挙が行われました。今度は世田谷区の3分の2となる東京6区から立候補しました。このときも比例区との重複立候補

でした。開票の結果、小選挙区では3位で落選だったんですけど、得票率としては15%、3万8167票をいただいたおかげで、今度は誰からも文句を言われることなく（笑）、比例区で復活当選という運びになりました。

国会議員としての2期目の活動は、新人議員が増えたこともあって、いわゆる国対（国会対策委員会）を任されることになりました。国会運営における与野党の思惑がぶつかる現場での、院内会派の代表として他党との折衝がその役割です。

国会に議院運営委員会という組織があり、正式な国会運営のための機関ですが、国会の開催の前に野党間で協議、共闘体制を築きます。国会に定まったカレンダーはなく、議運の場で「衆議院本会議」を開くのかどうか、ときには前日に決まります。

永田町の深部というか、表から見えない暗闇の場面を垣間見ることや、当時は、「加藤の乱」（2000年11月、当時の森内閣に対して、加藤紘一、山崎拓氏らが起こした倒閣運動）が起きたりして、おもしろい時期ではあったんですが、すべてが表からは見えない水面下の話です。しかも、議員運営委員会は毎日のように開かれますから、質問の現場からは遠ざかっていて、そうなると、有権者からは何をやっているんだか見えにくい存在になるんですね。忙しい一方で、クロウト受けする仕事だったと思います。

落選してみて、周辺にいた人たちの素顔が見えてくることもありました

そういうこともあってか、２００３年11月の第43回衆議院選挙では、前回と同じく東京6区から立つんですけど、小選挙区でも得票率は10％に届かず、落選となりました。

民主党と自由党が合併して「二大政党時代」の風圧が強まりました。少数党は埋もれがちになりました。仮に小選挙区で私の得票率が10％を超えていたとしても、社民党自体の比例区の得票が1議席に及んでいなくて、復活当選すらできなかったというような、そんな結果でした。

落選して、国会議員でなくなったとたん、大変なことになりました。当時、私の事務所は世田谷の経堂にあって、ミニ集会がやれるような24坪くらいの広さでした。落選しましたから、わずか数日の間に議員会館に所狭しと置いてあった資料をすべて、この事務所に

移さないといけないわけです。

落選すると議員活動に使った資料なんかは全部捨てるという議員もいるんですが、私の場合は大変な思いで集めたものばかりだったので、公刊されたものや国会図書館で手に入るものを除いて、捨てずに全部事務所に持ち込むことにしました。ダンボールで約200箱ありました。40人くらいの小集会が楽にできた経堂の事務所が、ダンボールの山で埋まり、2~3人が座るのがやっとのスペースを残すのみとなりました。この資料の整理に数ヵ月かけました。

でも、落選してみて、周辺にいた人たちの素顔が見えてくることもあったんですね。これまで周辺でつながりが強くあった人たちの中にも、すーっといなくなった人もいます。逆に、議員バッジをつけているときには顔も見かけなかった、それまで知らなかった人たちが集まってきて、ボランティアやカンパまでしてくれるようになりました。

落選した選挙の際、最優先の政策として打ち出していたのは年金問題でした。ちょっと早かったんです

労働組合出身の議員は、落選しても、組合から活動費や生活費の手当が支給されるそうなんですが、組織の後ろ盾のない私にはそんなものはありません。まったくの支給ゼロ、自立自営でやるしかないので、後援会の会費やカンパなどでなんとかやりくりしました。そういうとき、拾う神もありということで、新たな仕事として、年金問題に打ち込むことになりました。

落選した2003年の選挙の際に、正面から問いかけ、最優先の政策として打ち出していたのは年金問題だったんです。年金給付の原資となる年金積立金の運用について、問題提起していたんですが、人々の反応は正直「はあ？」というものでした。私の場合はいつもですが、ちょっと早かったんですね。「消えた年金」が騒がれ、世間的に問題となり、政策焦点化されるのは、翌年2004年の参議院選挙だったんです。

その年金問題について、国会で質問を重ねてきたのは、私でした。グリーンピア（田中

角栄内閣の計画のもと、当時の厚生省が被保険者、年金受給者等の保養を目的として、年金を原資に建設した100万坪の大規模保養施設）の実態等を明るみに出し、年金の無駄遣いを問題にしました。こうした活動を知って、日本医師会の日医総研から電話がかかってきました。この総研の研究員になって、年金制度について、諸外国はどうなっているのか、どういう課題があるのか、調べて調査報告してほしいという依頼でした。即座に引き受けて「年金の研究」に入りました。

年金問題について歴史と経緯を国会図書館に日参して調べて、結果、2冊の関連書籍『年金のウソ』（ポット出版）、『年金を問う』（岩波ブックレット）を出版するまでになりました。

郵政解散選挙の時、香港の新聞は私のことを「強運王・保坂展人」と書きました

とはいえ、事務所を維持しながらの浪人生活は厳しいなと感じていたところに、２００

5年の夏、小泉純一郎首相による突然の郵政解散が起きて、私もまた急に立候補することになりました。

突然の解散だったので、このときは、小選挙区では立候補せず、比例区のみとしました。ただし、社民党の支持率はあいかわらず低いままですし、前回の選挙で落選してから2年足らずの間、ずっと年金問題や雇用保険など政策の研究とジャーナリストとして仕事をする毎日でしたから、選挙の準備はまったく不十分だったと思います。比例区のみですから、都内をまんべんなく巡り、演説をしてまわることが選挙運動のすべてでした。

開票当日の夜、事務所に結果を見守りに来た人は、12人とか13人ぐらいのコアな支持者の人たちでした。口には出さないけど、すでに開票速報の出口調査では残念ながら比例区も1議席に得票届かず、今回はダメだなあと、あきらめムードでした。そのうち、深夜0時を回ったあたりで、「朝日新聞ですが取材に行ってもいいか」と電話がかかってきました。そして到着後、選挙をふり返るインタビューを始めた記者が電話で入ってきた最新情報を伝えたのです。

「今、共産党の候補が東京比例区最後の当選を決めました。保坂さん、落選が決まりました。敗戦の弁をお願いします」と宣告されました。そして、敗戦の弁を重い口を開いて語り終えようとしていた矢先に、「あっ!」と、後ろのほうでスタッフがなにか叫んでいるんですよ。

朝日デジタルのサイトを開いていたスタッフが、「今、共産党の候補者の当確が消えました」と、大声で言いました。インタビューを中断してあわてて電話で確認した記者が、「すみません。何かウチ(朝日新聞)のほうで計算違いがあったらしくて。結果はまだわからない状況だそうです」と引きあげていきました。そうこうしているうちに、今度は共同通信から電話が入ったんです。電話口からは、耳を疑うような話が入ってきました。「信じられないことが起きそうですよ、保坂さん、当選の可能性が出てきました」というんですね。まさか、まさかです。

「どうしてそういうことになるの?」と聞き返していました。ちっともわけがわかりません。「だって、比例区で得票が1議席に社民党は達していないじゃない?」と聞くと、「いや、自民党があまりにも勝ちすぎて、比例区に立てた候補者の全員が当選して、その上にもうひとり分当選者を上積みしているけど候補者がいないので、次点の保坂さんが繰り上がることになりそうですよ」ということでした。

要は、自民党比例区の得票があまりにも多くて、擁立した7人の候補者の当選に必要な数を超えて8人分を確保。なお、ひとり分の枠が残ったけど、候補がいない。その場合は、次点の党の候補者に当選枠が回る仕組みなんだと、こういうわけなんですね。そして、次点はというと、ついさっきまで朝日新聞が共産党だと言っていたのが、これが計算違いで、実は数千票の差で社民党の私らしいということ。

実は、私はその時、社民党比例区名簿の2位に掲載されていました。まずは、1位の人が当選となるわけですが、彼は小選挙区で重複立候補していたんですね。そして、小選挙区で10%の得票率を超えることが残念ながらできなかった。例の10%条項で失格となり、比例区では当選することができない。これは、1996年の最初の衆議院選挙で5・89%で私が復活当選したことで改正された、あの「保坂当選防止策」です。今回は、私にとっては、逆に作用したということです。1位が10%以下で失格となり、2位の私が繰り上がって当選となったと、そういうわけなんです。

このときの当選は、だから、何重もの偶然と幸運が積み重なって、私も含めて誰も予想することのできないものでした。微妙な選挙制度の間隙《かんげき》をついて、アクロバット的に着地して当選するというものだったんですね。

開票日の翌日の夕刊社会面には、私の笑顔の写真が掲載され、おもしろおかしく紹介されていました。呑み屋さんにいったら、そこの女将《おかみ》から運気を上げるために握手してくれと言われたり、あと、香港の新聞が取材に来て、後に送られてきた掲載記事を見たら「強運王・保坂展人」とデカデカと書かれていました（笑）。

政治は最終的には数の力と言われますが、言葉によるプロレスのような面もあると思います

2005年にそんな劇的な形で国会議員に復帰して、次の選挙、2009年のいわゆる政権交代選挙にいたる間の4年間では、大きくふり返ると共謀罪法案の問題と、リーマン・ショック後の、いわゆる「派遣切り問題」のふたつが思い出されます。

共謀罪のことについて話しますと、そもそも与党の絶対多数のもとで、これは絶対に通

る代物だったわけですよね。なにしろ、郵政選挙で与党は圧倒的多数の議席を得ていましたから。

それにしても、そもそもこの共謀罪法案とは、本当にわかりにくいものだったんです。官僚の使う言葉は、元来わかりにくいものですが、とりわけ刑事司法の用語は読んでいても、すんなり理解するのが難しくイヤになるくらいですね。

この法案の骨子を簡単に言ってしまうと、「心の中で描いたことをふたり以上で話し合って確認して犯罪を行うと決めたら、犯罪行為を実行しなくても、その手前の共謀自体でもう犯罪ですよ」と、実行を伴わない共謀の段階で処罰されるというものです。「犯罪を計画して共謀した」ことが犯罪として処罰対象となり、実行されたかどうかは別問題というのだから、わかりにくいですね。

刑法学者の方に話を聞いたり、自分なりに勉強してみたりしたんですが、どうにも説明がしにくい。そもそも「共謀」という言葉を、これまでに、どこで聞いたか考えてみたら、学生運動の事件や裁判などで使われていたことを思い出したんです。「共謀共同正犯」って、聞いたことありませんか？　たとえその現場にいなくても、その事件なり犯罪なりを首謀した者は、実行した者も含め処罰されるというものです。

それでも「共同共謀正犯」を拡大解釈するのは問題だと考える刑法学者の方から教わっていたんですが、最近とんでもない最高裁の判例が出たというんですね。それが「沈黙の共謀」というやつです（2003年5月 最高裁判決「スワット事件」）。

それは、こんな事件の判例でした。

暴力団の親分が車で移動している。親分は何も所持していないんだけど、周りの手下たちは拳銃を持っていたと。

拳銃の所持は、はたして親分が指示したものなのか、それとも指示のない自発的なものなのかが争われたのです。暴力団の親分は子分に対して「拳銃を持て」と明示的に指示していないと主張しましたが、およそ暴力団の親分であれば、自分が動く際に、その周囲の護衛要員が武器を所持するだろうというのは、あうんの呼吸でわかっていることなんだ、したがって、言語による指示・命令のない状態でも「沈黙の共謀」が認められ、共謀共同正犯は成立するという判例となったというんですね。

そこまでいくと、もう一般的な意味で言われている共謀と、この何も言わなくても成立する「沈黙の共謀」は、世間的には相当の違いがあるように見えるけど、概念としては変わりはないと言っていることになるのでは？と疑問をもちました。

私自身が法律の専門家ではないので、この問題を取りあげる私の質問は、次のようなシロウト的なものだったんです。まずは、共謀罪で「実際にシナリオを描いて犯罪を計画する共謀と、最高裁の判例にある言葉を交わさない沈黙の共謀、これは同じ共謀ですか？」というものでした。

法務省は、捜査上かつ公判の場で使い勝手のいい「沈黙の共謀」を認めた最高裁判例を崩せないということを私はわかっていました。答弁は予想どおり「同一の共謀として扱われる」というものでした。

それでは「共謀罪に置き換えて質問をします」と言って、「暴力団グループの親分格が、手下を見渡して、立ち上がりながら目配せをした。そして犯罪である襲撃などの着手の意志一致がとれたとして、共謀の成立はあり得るのか？」と聞きました。法務省は、「保坂議員が言われたことは、ケースによってはあり得ます」と答えました。それまで法務省は「共謀」が成立するには具体的で綿密な犯罪計画が合意されることが必要条件だと言ってきたのに、「目配せ」でも成立するとは驚きです。

そこで今度は法務大臣に矛先を向けました。このときの法務大臣は、看護師出身の南野知恵子さんでした。おそらく質問の意図するところをつかみかねていたと思います。私が「大臣、それでは目配せでも共謀罪は成立ですね？」と質問したら、「はい、目配せでも成立する場合がございます」と答えたんですよ。

南野大臣がにこやかに答えているそのシーンは、テレビの報道番組でクローズアップされて繰り返し放送されました。一気にこの法案への関心が高まった瞬間でした。テレビでコメンテーターも「とんでもないことだ」と言っていましたね。

この「目配せ」をめぐるやりとりがあって初めて、この共謀罪というわかりにくい法案の気味の悪さが、いっきにお茶の間まで広がって、議論のステージが大きく上がったんです。

それでも、そろそろ採決だという段になって、あるところから、「どうやら小泉首相はこの法案の成立に乗り気じゃないらしい」という情報が入ってきた。情報筋によると、「平成の治安維持法」と呼ばれていることを気にしているというんですね。そこで、福島瑞穂さんに参議院の質問の中で、小泉首相にそのままズバリ、「共謀罪を押し通して、平成の治安維持法を作った総理になりたいですか?」と聞いてもらったりもしました。

それでも、与党側は、どうやら強行採決の手段をとる姿勢を変えませんでした。与野党ともに騒がしくなって強行採決をしようとしていたその当日に、小泉首相は河野洋平衆議院議長に連絡をして、採決を止めるように言ったらしい。河野議長は早速、与野党の国対委員長を集めて、「国民の議論はまだ熟していない、もう少し時間をかけよう」という話になって、強行採決はぎりぎりの「共謀」のタイミング、実行直前で止まりました。

2016年6月現在、この法案は成立していません。続発するテロ事件等で何度も再浮上しています(詳しくは『共謀罪とは何か』岩波ブックレット海渡雄一・保坂展人共著)。

政治というのは最終的には数の力だと言われますけど、所詮《しょせん》、それは一面の真実であって、論戦と言われるだけあって、やっぱり言葉によるプロレスみたいなところもあると思うんですよね。国会という場で、論理と言葉をいかに扱うか、ということも大切です。このときに心がけたのは、政治の世界の仲間内で使っている言葉や、専門用語、業界言葉をそのまま受け売りで使わないという原則です。法律用語をかみ砕かずに語っている限りは、数で劣る論戦に勝つ可能性は限りなくゼロ。忙しい仕事や日常の普通の生活をしている多くの人たちが「えっ?」と振り向いてくれるような言葉に置き換える、日常用語として語り直す。そういう作業が大事だと思った事例でしたね。

普段からいろいろ手を出しておくと、いつか役立つこともあるなと(笑)

2008年9月に、リーマン・ショックが起きます。日本にもあっという間に波及して、雇用状況は一気に悪化して「派遣切り」という言葉が聞かれるようになりました。

国会議員として、私はすぐさま「派遣切り」の現場に行きました。工場から寮を退去勧告されている派遣労働者の話を聞いてみると、仕事はあっても食うや食わずだったと言います。安い賃金で今月は北海道、来月は九州といった具合に、ボストンバッグひとつ持って渡り歩いているような生活を送っている人がものすごくたくさんいたことに驚かされたんですね。しかも、安アパートに何人かで寝起きしながら、相当の寮費を天引きされて、手取りは10万円そこそこ。生存していくのがやっとで、とても貯金ができるゆとりはないという彼らが、「雇い止め」でいきなり仕事を切られると、着の身、着のまま寮から追い出されるので、仕事だけでなく住居も失い、持ち金が尽きると、その瞬間からホームレスになってしまうんです。

そのとき、私の頭の中に浮かんだのは、雇用促進住宅です。全国の大都市部を中心に、半世紀前につくられていた住宅が大量に存在していることが直感的に結びついたんです。年金の研究をやった後で、雇用保険の研究にも手を出していたんですね。雇用保険の歴史を調べていく中で、国策として労働者のための住宅を大量に創出した時期があったということを知りました。

戦後の復興期に石炭産業は国策として推進されました。ところが、石炭から石油へエネルギーの転換を受けて、国は、1960年代に国策として産業の柱を変えたわけです。この国策変更で地方の炭鉱にいた労働者は大量に失業して、いっせいに都会へと向かわざるを得なくなった。しかも、当時の炭鉱は、一種の完結した生活共同体でしたから、炭鉱以外に転職もすぐにはできない。当時の炭鉱労働組合と社会党が、国の労働省とやり合って、国策変更の責任をとって、せめて住むところくらいはなんとか用意すべきだということで、全国にこの雇用促進住宅が生まれたんですね。

それから40年以上経って、この住宅が何のために作られたものなのか知る人も少なくなって、厚生労働省利権の悪しき典型例の「官業」としてクローズアップされていくような状況だったんです。小泉政権としては、この住宅を売却、民間に譲渡《じょうと》するという方向で議論が進んでいたんですが、私は、「今こそ雇用促進住宅を本来の趣旨である雇用の安定のため即座に活用すべし」と提言しました。当時の麻生太郎内閣は、私が出した緊急のセーフティネット対策を、ものの10日余りのうちに取り入れたんですね。その時、私の対策リストの一番上に書いたのが、その雇用促進住宅の緊急開放でした。

普段からいろいろ勉強しておくと、いつかこうして役立つこともあるなと感じました(笑)。でも、単なる思いつきでなく、政策上の筋は通っています。40年以上前、炭鉱の閉山で都会に出るしかなくなった労働者のために作られた雇用促進住宅と、派遣労働が製造業へ解禁され国策により大量の派遣労働者がホームレスとなるという制度の欠陥が明らかになって、派遣を切られて住むところを失った労働者のための緊急の住宅として活かすという発想です。四十数年前の貧しかった日本でさえ、こうした政策を実施していたのに、豊かになったはずの現代の日本がホームレスを大量に出して放置していいのかと対比したことは、政権に対して説得力を持ちました。

区長選挙に出る以上、勝たないとダメだと思ったんです

こうした活動をしながら、私は2009年の政権交代選挙を迎えます。

民主党ともいくつもチャンネルがあったし、国民新党も交えて政権構想を作ろうという話も進めていたので、このときの選挙は満を持して臨んだんですが、落選しました。

野党協力のため選挙区を東京6区（世田谷区の3分の2）から、東京8区（杉並区）に移して、得票もこれまでの最高の11万6723票、得票率だと39・5％を獲得したんですが、自民党の石原伸晃氏に敗れてしまいました。民主党が大勝した選挙で、社民党の比例区は1議席にさえ届かず、比例復活もかなわず、でした。1996年に最少の小選挙区得

票で当選しながら、今度は11万を超える最多得票で落選とは、皮肉なものですね。

道を歩いている有権者の3人にひとりは投票してくれて、なおかつ政権交代という歴史的な選挙でもありましたから、この結果は残念でした。少し経つと、民主党政権も迷走を始めて、私がなんとかしたいとは思っていても、議員バッジをつけていないので、政権中枢での動きに直接的にコミットすることはできなくて、ハラハラするような日々でした。

総選挙から結局1年もしないうちに2010年7月の参議院選挙に出ることになって、社民党から比例区で挑みましたが、得票数では2位までが当選、私は3位で落選でした。

とはいえ、この時の浪人生活と選挙はカンパに支えられました。当時の事務所も閉じることなく、『週刊朝日』で「質問王が行く」という連載をやらせてもらい、全国を飛びまわり、かなりの本数のレポートを書きました。そして、翌2011年3月、東日本大震災と原発事故を迎えるということになります。

そして、区長選挙です。社民党からの離党は、区長選挙に出馬する直前に決めました。やはり区長選挙に出る以上、社民党公認では、あまりに狭すぎるだろう、と。この際、社民党を離れようと、離党手続きをとりました。

多数の支持を集めて勝つために、首長選挙では、一政党の枠でやるものではないと思いました。私自身の気持ちの上でも、ここは社民党から離れて、ひとりの政治家として歩みますと切り替える時だと思いました。それなら、応援しやすいと感じてくれる人もいっぱい出てくるんですよね。

２００９年の政権交代選挙で、これまでの選挙で、もっとも多い11万人を超える票を得た体験も生きていました。社民党単独の選挙じゃなく、民主党・国民新党推薦の、野党統一候補としてのフレームがあったと思うんですね。

しかも、世田谷区長選挙は、自分のまわりの支持層だけ固めても、勝てない……。世田谷区での活動を杉並区にしばらく移していたというハンディもありました。ましてや、この区長選挙には民主党も独自に候補者を立てましたし、共産党も立てた。「野党統一」ですらないのです。こうして、候補乱立の中での立候補になったので、政党の枠にこだわることなく、いっそのこと無所属ですっきりしたほうがいいだろうと思ったということですね。

私が最初に社会と向き合ったのは、内申書裁判でした

私が最初に社会と向き合うことになったのは、16歳で原告となったいわゆる内申書裁判でした（麹町中学校内申書事件）。

中学校時代に、学生運動を行っていたことを内申書に書かれて、受験した高校を次々と不合格になりました。内申書の記載のため、「教育を受ける権利」が侵害されたということで、1972年に千代田区と東京都を相手どって、損害賠償請求の民事訴訟を起こしたものです。

私の内申書には、こう書かれていたんですね。

「この生徒は、二年生のときに『麹町中全共闘』を名のり、機関紙『砦』を発行しはじめ、過激な学生運動に参加しはじめる」「たび重なる指導に従わずに校則違反の新聞を発行している」「集会・デモにたびたび参加し、学校内においてもいっこうに指導に従う様子がなく現在手を焼いている」

「現在手を焼いている」という内申書は、「高校は落ちよ！」と言わんばかりの内容でし

た。

さらに、「性格・行動の欄」の協調性や基本的生活習慣がＣ評価となっていました。当時のベテラン教員によると、Ｃをつけられると、高校側からは合否以前に問題にすらならない生徒ということで選考の対象外としてはねられるんですよ。Ｂでも要注意として「こいつ大丈夫か？」となるのだそうです。Ｃがふたつもみっつもつけられているということは、「手に負えない不良だから落としてくれ」と言っているようなものです。

案の定、志望校はすべて不合格となりました。受験した全日制の高校を４つ連続で落ちました。こうして私の「15の春」はショッキングな結果となりましたが、実をいうと本人としては、うすうす予想していたことでした。

「学校を甘くみるな」とも言われていたので、このくらいのことはやるだろうなとも思っていました。ひとりひとりの生徒に手渡される内申書でしたが、担任の先生は「君のむずかしい思想が理解できない。誰か君を理解できる先生に内申書を書いてもらってくれ」と苦悩をにじませ、ついに私に手渡すことはありませんでした。内申書には何か書かれる、でも仕方がないと思っていました。

ところが、麹町中学の父母の中から「おかしいじゃないか」との声が上がったんです。熱心に市民運動をやっている生徒のお父さんで昌谷忠海《ただみ》さんという方がいて、この15歳の生徒の未来を奪うこんなやり方はあまりにひどいぞ！　ということで、問題視し、呼びかけを広げました。それに、教育学者の金沢嘉市《かいち》さんや、歴史学者の羽仁五郎さん、社会学者の日高六郎さんらが知識人として内申書制度を歪めて利用して、15歳の少年の前途を妨ぐような教育でいいのか？　との声明や呼びかけに加わって、これは裁判をもって問うべきだという話になったんです。

そのとき、私は15歳でした。未成年では訴訟の当事者になれないので、私の父親が原告代理人となるかたちで訴えを起こしました。

裁判に訴えるまでには、準備期間が1年くらいかかっています。どのように訴えるかで協議したんですね。で、結局、憲法でいこうということになりました。弁護団との議論の中で、日本国憲法は、思想・良心・表現の自由を認めている。これは、中学生であっても例外ではない。内申書の内容が、ことさらに「本人の思想、信条に関わること」のみを意図的に抜き出して記述した上で、問題児というレッテルを貼りつけて、高校入試の不合格を意図するという使い方が仮に許されるとすれば、内申書制度自体が日本国憲法に違反をしているのではないかという立論による訴えでした。

とはいえ、内申書制度の違憲性を問いながらも、形式上は民事裁判の損害賠償請求ということになるので、高校入試で不合格とされ、学習権が侵害されたことに対して、お金を支払えという裁判として始まったんです。

私は、裁判を起こすことに、当初、あまり乗り気ではありませんでした。当時は15歳から16歳になる少年期で心も身体もすごいスピードで成長していく時期ですよね？　10代の半ばだと、もう半年や、数ヵ月も前の話というのは、はるか昔のことのように感じるほど特急列車の車窓のように、毎日が過ぎていきます。内申書のことなんて、確かにショックは受けたけど、立ち直りも早かった。15歳の「悲劇」をくり返し語り、そのストーリーをいつまでも引きずるのは、うっとうしい思いもありました。

「裁判って長いんでしょう？　いったい何年続けたらいいの？」「どうせ時間や労力をかけてやっても負けるんでしょう？」といったシニカルな感じで、積極的な意味を感じていないような、そんな態度だったんです。

ただ、自分のことで、みなさんがあまりに熱心にやっているものだから、「じゃあ、協力しましょう、原告になりますよ」という、そんな始まりだったんです。

15歳で政治活動というと、とても早熟で意識が高い少年のように思われるかもしれません。確かに大人びた部分はありましたが、今考えると、計算高い嫌らしさと表裏一体になっていた気がします。

新宿駅の西口で反戦フォーク集会が行われていました。私は学生服のままそれをずっと眺めていました

なぜ越境通学までして、麹町中学という学校に行ったのかということにも、触れておきましょう。

1960年代当時の社会状況でいうと、公立のエリート校と呼ばれた麹町中学に入れば、次は日比谷高校、そして東大という進学コースがありますと言われていたようです。都立高校が進学校として実績を誇っていた時代です。麹町中学に入るためには小学校から行っ

ておいたほうがいいと、私は小学校1年生で、武蔵小杉から電車通学で麹町小学校に通っていたんです。小学校1年生の選択ですから、当然、親の描いた進路に乗ってということになります。

小学校の5年ぐらいから、一般に言う政治とか社会には興味はありましたね。小学校6年のときの冬休みの自由研究は、「1969年12月総選挙、日本社会党はなぜ負けたか」というレポートを出したのを覚えています。うっすらとした予感で、自分は政治にたずさわるという気持ちがあったのかもしれません(笑)。

小学校を卒業して、中学校に入学したその頃、東大闘争がありました。当時の私たちは、目指せ東大という競争の、大きなフレームの中にいて、そこを目標に頑張りなさいという学校にいたわけですね。実際、中学生の時は、なんとか受験競争の先頭集団に追いつこうと汲々《きゅうきゅう》としていた時期もありました。首都圏全域から成績のいい子どもたちが集まってくるので、テストの点数競争は激しく、ついていくのも大変ではあったんですけども、まあ、がんばっていたわけです。

ところが、最終ゴールの目標のはずの東大で全共闘のバリケード封鎖があったり、安田講堂事件があって入試が中止になっていたわけです。やっぱり、同時代の体験としては大きなショックと影響を受けたんですかねえ。これまでなんの疑問も持たなかった学校生活や、受験を軸としている価値観についても、何か疑問に思い始めたという時期でしたね。

もうひとつは、ちょっとしたスリルを求める冒険心と表現欲求だったと思います。もともと、私は幼い頃から、大胆とは程遠い小心者なので、自分が渦中に飛びこむようなことはありえないとの思いはあったものの、学生運動や社会に対する関心はそれなりにあった。だから、何かをしたいんだけど、怖くて踏み切れない。そこで、真似事のようなことをしてみて、とがめられたら「これは冗談なんですよ」と言い訳できるレベルで、安全圏としっかりつながったイタズラ仕立てのパフォーマンスを楽しんでみたい――、そんな気分だったんですね。

中2のときの文化祭だったんですが、模造紙の上の3分の1に「反戦」「青年」「委員会」と大きく書いて教室の壁にその3枚を並べて貼り出したんですよ。

なぜ「反戦青年委員会」かというと、当時、「全共闘」「反戦青年委員会」という言葉がニュースで毎日のように流れていたことが理由にありました。学生ではなく、若手の労働者がつくるのが、反戦青年委員会でした。それが頭にあって、「反戦」と大書した文字の下3分の2の部分には、一般論として戦争の悲惨さや平和の尊さについて延々とマジックで書く、「青年」の下には当時、五木寛之の『青年は荒野をめざす』という本が売れていて、この本を紹介するかたちで若者論を書きました。あと、「委員会」の下には、中学には放送委員会とか美化委員会とかがあるから、委員会活動をもっと活発にするためにはどうしたらいいのかを書いた記憶があります。そんな感じでした。つまり、「反戦」という作文、「青年」という作文、「委員会」という作文を並べて提示したというだけの、世を騒がせている「反戦青年委員会」とは似ても似つかない、私なりのジョークでした。

ところが、当時は有名な進学校だったものですから、文化祭ともなると保守系の議員が見に来ていて、それで私の「反戦青年委員会」という貼り紙を見つけ、中味を見ることもなくたいへん驚いたらしい（笑）。大きな字だけを見て、作文までは読んでくれなかったようです。そして、この中学では紛争が起きていると校長室に駆け込むわけです。にわかにこの事件は、ものすごく問題になりました。私は「これは冗談です」と弁明したんですが、通じませんでしたね。安全地帯から引きずり出されて、こっぴどく叱られ、早くも問題児としてマークされていたんだと思います。

「学校というところは何でも許される場ではないんだから、限度を知りなさい。もうそんな余計なことはやめて、受験勉強に専念しなさい」というお説教を受け、「はい、そうします」と素直に受け入れて返答していたんですね。中学2年の秋の出来事でした。

時代はだんだん動いていきます。

中学2年の1月（1969年）には、東大闘争のシンボルだった安田講堂に機動隊導入もあったりしました。当時、私は小田急線の相模大野から通っていたんですね。満員電車に揺られて新宿まで、そこで乗り換えて地下鉄で四谷駅、そこから歩いて学校へというコースでした。土曜日の夕方になると、ちょうど帰りの時間帯がいいタイミングになるんですよ。新宿駅の西口地下広場に、学生やサラリーマンが集まってきます。毎週土曜日に、反戦フォーク集会が行われていて、学生やサラリーマンが肩を組み「♪友よ～」と（笑）、フォークを歌っているわけです。私は学校帰りの学生服のまま、それをずっと眺めていて、結局、終電がなくなっちゃうということが何度か起きるわけですね。

そんな体験をしているうちに、内向的で臆病だった私も、何かが内側から変わっていったんですよね。当時、終電がなくなっても、いつも「おい、どうしたんだ」と声をかけてくれる学生やサラリーマンがいて、一夜を明かすこともありました。そのうちに好奇心が高まって、べ平連のデモっていうのも一度、のぞいてみようということになりました。

べ平連集会に参加した翌日、生徒指導の先生は私に「ついに一線を越えたな」と言いました

そのべ平連の集会は、清水谷公園で開かれていました。麹町中学は赤坂プリンスホテルの真ん前にあるんですが、この清水谷公園は学校から歩いて6～7分の距離にあるんですよ。一応、新宿駅西口の集会を眺めている時に、私が用意していた言い訳は、これはあくまで学校からの帰り道、寄り道したら、ついつい時間があっという間に経ってしまいましたというものだったんですね。

ところが、この清水谷公園は、ふだんの帰り道とは少しずれてしまう。そこで、違う言

い訳を考えました。友達と人生観を語り合いながら、学校の近くを遠まわりして歩いていたら、公園の前を通ることになった。ふと見たらそこで集会があったんで、少しだけ立ち寄ってみたというストーリーです。この時、集会を見学していた時間は大体5分ぐらいでした。集会に参加したと見られないために、5分でわざわざ公園を出たんですね。

ところが運が良かったのか悪かったのか、私たちは中学2年でしたが、そこに中学3年生の子たちが参加していたんですよ、20人ぐらいでしょうか。彼らは中学全共闘や中学生べ平連と書いてある旗を掲げていました。初めてのことだったようです。私にとっては、素直な驚きでした。そんな時期だったんですね。

私が何も知らずに見に行ったべ平連の集会は、すでに中学生たちが大勢で参加しそうだとのお触れがまわって、中学校長会で通達が出ていたらしく、見回りが来ていたんです。

実際に集会に参加していた1学年先輩の彼らは、もうけっこう身体も大きくてセーター、ジーパン姿だったから、中学生なのかどうか、遠目にはわからないんですよ。

会場内で、見るからに中学生だというのがふたり、うろちょろしていたということになります。私たちは学校帰りですから、制服に制帽姿ですからね。会場の外に出たところで呼び止められて、「君らはいったい何やっていたんだ?」ということで、学校に通告されるということに。

次の日、生徒指導の先生は、朝一番で私を呼び出しました。私の顔をまじまじと見て、「ついに一線を越えたな」と話を切り出しました。(笑)。

「もうこれが最後通告だ。今までは君の将来を心配していろいろ言ってきたけど、君は一向に耳をかさずに、大胆不敵にも堂々と制服・制帽で集会に参加したそうじゃないか。これ以上こういうことをやるんだったら、君は越境入学だから、地元の学校に帰ってもらう。ただ、金輪際こういうことはやらずに、受験のために気持ちを切り替えるというんなら、もう一度チャンスをやろう」と厳しい口調でそう言われたんです。

私は、「わかりました」と、とっさに頭を下げました。ちょうど中3になる春休みの手前ぐらいの時で、高校受験まであと1年。残された道というのは、受験勉強に専念するしかなかった。まあ、人生の岐路だと感じました。たくさんの言い訳を考えて、学校帰りに5分だけ集会をのぞいたことが、裏目に出たようです。見方によって「大胆にも一線を越えた」と断定される。不本意だし、口惜しいし、言い訳もすることができずに、頭を下げたことは屈辱でした。「一線を越えた」どころか会場から逃げ帰ったのに……まるで、クモの巣に引っかかったようでした。これまで手当たり次第に読んできた本の中で、偉人伝には「人生の岐路」が出てきます。平凡な人生を送りたくない、誰もが選択する道が正しいとは限らない。14歳の私には、特別な人生観が形成されてたようなところがあって、内心の葛藤が始まっていました。

人生の予想図を描いてみたんです

沈みこんだ日々の中で、ちょっと人生の予想図を描いてみたんです。

中学生の今は、受験勉強に専念して、政治活動など高校に行ってから大いにやれと教師は言います。でも、高校に行ったら、同じように、大学行ってからやるのがいいと言われるでしょう。それで、大学に行って、多少何かやったとしても、就職というハードルがある。その後、就職して社会人として自由になるどころか、「いやあ、まだ一兵卒程度じゃあ何もできない」という話になり、せめて管理職にならないといけないと、ブレーキがかかる。「そのうちに」と人生の節目節目で先送りしてきた欲求は消えていき、会社のトップまで上りつめたとしても、もう、やりたいことはなくなっているんじゃないかと考えました。これからの人生を予想すると、どうもこんな循環をくり返して流れているようだと、そんな図を描いて、先を読んだんです。「人生スゴロク」みたいなもんですね（笑）。

その時の生活指導の先生の警告は、よりアクティヴに政治や社会について考えていこうというきっかけになり、私は安全地帯から離れて、一線を越えることになりました。

これも、少年時代の私の「計算高さ」、過剰な自負心の嫌らしさと裏腹なことかもしれませんが、その時の学校の成績が、550人くらい同級生がいる中の10番以内とかだったら、他には目もくれずに勉強し、受験コースからドロップアウトすることはなかったかもしれませんね。でも、どうあがいても、努力しても、トップクラスには行けなかったんですよ。その手前の20番くらいから50番の間にいました。そこに行くのも大変でしたから。

今、考えると、常に10％以内にいたわけだから、まあ成績は悪くはなかったんですよ。でも、上しか見るな！と言われたとおりに、自分より成績上位の子たちだけを意識していました。自分ではこんなひどい成績と順位でどうすると悩み、自信を失っていました。さらに、少年ながらの何か変な気負いと使命感があったんじゃないですか。生まれてきた以上は、何事かを成し遂げなければという呪縛《じゅばく》――今の若者から見れば、古臭い価値観かもしれないですけどね（笑）。

これまで読んできた本の影響が大きかった……。立志伝中の人物は、必ずと言っていいほど、人生を決めた、大きな転換の場面が克明に書かれているじゃないですか。もしかしたら今がそうじゃないか、と考えた。

友だちの誰もが「それは損だよ」「無謀だよ」と言ってくれました。だって、その先生からの警告を無視したら、高校に行けなくなるんだよ、そうしたら、アウトサイダーにしかなれないよ、と忠告してくれる友だちもいました。

事実、本当に内申書で進路は遮断《しゃだん》されたわけですよね。いくらペーパーテストでいい成績を取っても、内申書によって道をふさがれるという事態さえありえるかも……。実際に体験することになる1年前に、予想していました。

このように重い将来を決断するのは、中3になる前の、14歳の春には大変なプレッシャーでした。

実を言うと、学校側の求めることを当初は全部受け入れようとしたんですね。すべてを受け入れて従順になろうと決めた途端、全身が脱力して布団から起き上がることさえできない。何もする気力がなくなって、何日かずっと横になって過ごし、生きるしかばねの如くでした。それで、モソモソしながらさっきの人生を予想する図を描いて、また立ち上がったという（笑）。深い苦悩の中にあったのは、1週間ぐらいですかね。それからは、吹っ切れたように新聞を発行したり、デモにも行きました。間違いなく転機でした。

大人の思考回路がどうやって錆びついていったのか、よくわかりました

中学3年になると、学校では、生活指導の先生たちによるリレー説得が始まりました。1500人も生徒がいたマンモス中学だから先生の数も多い。いろんな先生が私を呼び出して1対1で話をしました。ひとりの先生と大体平均3回ぐらい、長いと7〜8回ぐらい2〜3時間の対話を重ねました。

私に対しての説得材料として使われていたのは、やっぱり損得論ですよね。「君は勉強すれば、ちゃんと社会的に影響力のある立場に行けるぞ」と。「新聞記者でもいいし、なんなら役所に入ることもできる。勉強さえしていけば、好きな仕事を選べるんだから、きちんと階段をのぼるのが、人の道だよ」と言うんですよね。「今、脇道にそれると誰からも相手にされないぞ」。そんなふうに言われて、つい私は「じゃあ先生は言いたいことを言い、悔いなく今をすごしていますか?」と聞き返していました（笑）。

「お前が言うことじゃない」とはねつける先生もいましたが、先生によっては率直に、「自分にも悩みがある」と話してくることもありました。60年安保当時の学生運動の経験もある先生もいて、若い学生の頃、悩み考えこんだという教師の内面の話も聞きました。

ただ残念だったのは、最後は泣き落としになるんですね。「俺にも妻と子がいる、わかるか」と切り出して、「俺の立場も考えてくれ。君がそこであんまり突っ張っていると俺が困るんだよ」と揺さぶってくる。私のほうは、「先生に妻と子がいることはわかりました、でも僕にも僕の人生があります」と返すわけです。映画の見どころのあるシーンのように、ドラマチックな会話を、中学3年の私は、十数人の教師と授業にも出してもらえずに、くり返しやっていたんですよね。ずいぶんと背のびした少年だったんでしょうね。「果てしなき対話」の経験は、後々すごく役に立ちました。よくこの時代、「こんな大人にはなりたくない」と抽象的に言われたけど、対面した大人の思考回路が、どうやって錆びついていったのか、矛盾や葛藤を抑えて、今を正当化する考え方に転じるのかがよくわかりましたよね。ふり返れば、やっぱりありがたいことだったように思いますね。

ところで、10人を超える先生方と長時間くり返し対話をしながら、心から尊敬して影響を受けるような先生とは出会っていません。もし、反面教師ばかりではなく、全面的に少年の問いを受け止めて直球で投げ返すような、心底から共鳴できる先生がいたら、私はたぶん従ったはずで、その後の私の運命は大きく変わったかもしれません。

中学校の卒業式では強制的に隔離されたんです

私の父親は、時代劇の背景となる歴史や民俗学に明るく、NHKの考証資料という、ドラマの背景となる風俗や庶民の生活等を検証する仕事をしていました。『朝日ジャーナル』

（朝日新聞が発行していた週刊誌。ベトナム反戦運動や安保闘争を背景に若者の必読メディアとされた）を愛読しているような、戦後民主主義を生きたリベラル文化人的な人でした。父親が持ってくる雑誌を、私も背のびをして読んでいた影響も確かにありますが、父親が強い影響を与え、ずっと私を引っ張って、行動を煽《あお》ってきたという姿とはまったく違いました。

学校には、父親も呼び出されるんですね。それで校長から、「お子さんがどうやらマルクスとか、エンゲルス、レーニン、毛沢東という、左翼系の本を読んでいるようなので、取り上げてもらえませんか」と言われたそうなんだけど（笑）。父は静かにこう答えたといいます。「子どもが未熟ながらも、古今東西の思想書に触れるのは彼の成長過程として見つめていきたいと思います」と。「自分は父親だけど、今、名前の出たマルクスやエンゲルス、レーニン、毛沢東といった人たちを超える思想は残念ながら持っていません。だから、本を取り上げることは、自分にはできない」と、そう答えたらしいんですね。

そうしたら、「あの父親もおかしいぞ」という話になったようです。母親のほうは普通の人なので、狼狽《ろうばい》していましたよね。「目指せ東大」で、順調に階段を上がって行くかに見えていたのが、大きく足を踏み外し、中学の3年ぐらいで問題児となってしまったことが、やっぱり受け入れられなかったんでしょう。でも、卒業時の内申書の問題が起きたときには、父親も母親も「これはおかしいんじゃないか」と言ってくれましたね。

中学の卒業式の前の日に、担任から電話がかかってきました。「保坂くんだけ特別の卒業式を行うことに決定した」と。私は「そんな特別扱いは、けっこうです、いりませんよ」と（笑）、「普通に行きますから」と答えたんですが、「いや、君はみんなと同じ卒業式に出席することはできない。それは学校として決めたことだ」と強い調子でした。納得できないので、「じゃあ、それでも僕が行ったらどうするんですか?」と聞いたら、「実力で阻止する」という答えでした。「実力阻止」とは、学生運動で使う言い方ですが、こんな言葉を学校の先生も使ったんです（笑）。

彼らが心配したのは、学校外の応援を得てデモ隊がやって来ることだったらしい。当日の朝、電柱を直すためにヘルメットをかぶった作業員が何人か現れて、電信柱に登ろうとしたら、見張っていた教師がいっせいに「そら来た!」と取り囲んだという笑い話があって（笑）。ヘルメットを見ただけで、デモ隊が来たと早合点したんですね（笑）。

卒業式の朝も、私は普通に制服・制帽姿でした。校門に入るときに、20人くらいの教師がジャージ姿で待ち受けていましたね。私の姿を見ると、大声で合図がありました。段取りをちゃんと決めてあったみたいです。よくスポーツの試合の後、監督を胴上げするじゃないですか。校門のところで、あっという間に、胴上げのような状態となり、私は持ち上げられて、卒業式の会場とは逆方向の校舎のほうに、お神輿のように校庭の真ん中を横切って連れて行かれた。卒業式に出さないように、強制的に隔離されたわけです。

その時に、いっしょに来ていた母親が「みなさん、見てください。これが教育ですか！」って叫んだんです。その声がけっこう大きかったんですよ。母親の声が娘時代に演劇をやっていたこともあって、四方に響き渡った（笑）。「みなさん！　見てください、見てください！」と母親が叫んでいるものだから、いったん式場に向かった他の親御さんたちも集まってきました。これは、学校も予想しない展開だったと思います。

その中に、ＰＴＡの元会長がいたんです。「いや、あれは酷《ひど》い。なんでそこまでするのか」と憤慨《ふんがい》されていました。ＰＴＡ元会長は、常識的で穏当《おんとう》な方でしたが、「卒業式を見て驚いたけど、聞いてみたら内申書にも問題児だといろいろ書いたそうじゃないか」という話になって、生徒に対してとるべき学校の態度ではないと批判的になりました。

後に裁判提訴に向かっていく親たちの輪の中に、ＰＴＡ元会長もいらしたそうです。母親の遠吠えにも似た叫びで集まった人たちによって、内申書裁判は始まったというエピソードですね。あまり強く抗議したもので、母親も別室へと連行され見張られていたんですよ（笑）。まあ、私の卒業式はそういうものでした。

生徒総会で発言しようとしていた私は教師から羽交い締めにされました

このような卒業式の結末となる半年前、私にとって大きな転換点が訪れます。

学校と私とのやり取りが膠着《こうちゃく》していた状態を見かねて、これまでに接触のなかった教頭先生が介入してきたんですね。教頭先生は「俺にまかせろ！」と自信をもって接してきたようでした。彼は力強い話しぶりで、私にこう言いました。「こんなに自分で文章を書いてビラを撒《ま》いているんだから、君に言いたいことがあるのはよくわかる。だけどこれは、学校が許可してないんだよ。だから、手続きを経ないでビラや新聞を出すのはやめなさい」。私は、こう答えます。「手続きをしたとしても、新聞発行の許しが出るわけではなく、主張できるところはないじゃないですか」。教頭先生は首を横にふりながら、「いやいや、生徒会があるじゃないか」と、あたりまえのように言われたので、私は、「先生、生徒会でそんなことが言えますか？」と身を乗り出して尋ねました。

教頭先生は「いや、生徒会っていうのはまさに君のように、意見を持っている生徒が意見を出す場なんだ」と力説される。私としては、半信半疑の状態でしたが、「ほんとうに僕が生徒会で発言できるんですか？」と念を押すように聞きました。すると、教頭先生は、「俺の目を見ろ」と声を大きくして（笑）、「俺の目が嘘をつく目に見えるか？ これは男と男の約束だ」と、力強く握手してきたんですね。私も気後れしながらも、手をさし出しました。この様子は真剣に見えたので、おそらく偽りはなかったのでしょう。

「わかりました。今後は、もう一切ビラも新聞も出しません。おっしゃるように、生徒会の生徒総会があるので、そこで発言したい」と、予告しておきました。私のほうは約束を守り、活動を停止しました。やがて、生徒総会が近づいてきて、あらかじめ約束していたように私からの発言の予告をしました。ところが、生徒総会での発言を予告したのは、1500人の生徒の中で、ただひとり私しかいなかったんですね。必然的に全校生徒の前で意見表明ができると胸が高鳴りました。堂々と発言ができるわけですから、壇上に上がったら胸の内に溜まっている思いをしゃべってやろうと思っていました。

ところが、生徒総会の前日になって、生徒指導の先生がやってきて、いきなりの方針転換を告げました。

「職員会議で、明日の生徒総会では、君に発言はさせないということを決定した」と一方的な宣告でした。私は、「それはないでしょう。『必ず発言させる』との教頭先生との約束はどうなったんですか」と問いました。すると生徒指導の先生は、「それは教頭先生個人のお考えであって、学校の決定としては、君の発言は認めない。甘えるな、そもそも生徒会はママゴトじゃない」とも言われて、とにかくダメの一点張りでした。

話は平行線のまま、生徒総会の当日になりました。スムーズに議事は進み、いよいよ議長が「発言ありませんか」と促したので、私は手を挙げて、整列している生徒たちの間を小走りに前方に進み出て、スススッと演壇に登って、「みなさん」の「さ」ぐらいまで言ったところで、音が消えました。生徒指導の先生が「マイクのスイッチを切れ！」と言う怒鳴り声が響いて、生徒にスイッチを切らせたんですね。そして、前日に私に発言を禁じた生徒指導の先生が、壇上にいる私に向かって言ったんです。「発言はさせるから、1回降りてこい。議長は君を指名していない。手続きを踏んで、指名したらまた上げるから」と、手招きをした。「そうですか」と私は言って、演壇の階段を下りたところで、周囲の先生たちから羽交い締めにされました。「かまわんから続けろ！　この発言は禁止している。次の議事を進めろ」という教師の声が校庭に響きわたりました。「約束が違うじゃないか！」と叫ぼうとする私は、さらに脇へと連れ去られました。

この場面が他の生徒に与えたショックは大きかったと思いますね。発言できなかった生徒総会から数時間後、先生とのやりとりに疲れて、暗くなりかけた教室に戻ると、女子生徒たち数人がシクシク泣いていて、私に同情的でした。生徒たちの間では、「これはひどいねえ」とか、「約束、守んないんだねえ」といったウワサ話が広がっていったようです。私と同じ行動はしないけれども、「よくわかるよ」と言ってくれる子は増えましたね。

教頭先生との約束をこちらは全部守ったのに、それを教師のほうが途中で覆すという経緯がわかってくると、当時の他の生徒にとって、「なんなんだろう、この状態は」というふうに感じたということですね。その教頭先生とは、後日、学校内でバッタリ会いましたが、彼は私と目を合わせませんでした。一言の釈明すらなく、です。

クラスメイトももうみんな還暦をすぎたけど、30代から40代ぐらいの年頃の同窓会で、「あのときにショックを受けた」と話をする人が多かったですね。まあ、生徒総会で演壇から引きずり下ろされた事件の印象はよほど強かったんですね。

ふり返ると、自分でもすごいエネルギーだったと思いますけど、どこか、自分を見つめているもうひとりのシナリオライターがいたのかもしれない。すべてに反発し、何ひとつ聞かない、反抗的なわからず屋ではなくて、約束には忠実で、素直かつ従順に受け入れて、「男と男の約束」のとおりに行動を律する。それでも、約束は反故《ほご》にされ抑圧されるのであれば、強くおかしいんじゃないかと抗議するのは、筋が通るし相応の理由があることになります。

ただ、絶望的になったり、自暴自棄《じぼうじき》になったりしなかったのは、不思議なことですよね。そんな事件があっても、学校に行きたくないとも思いませんでした。受験勉強にはあまり熱は入らなかったけど、その頃はとにかくいろんな本を読むのが楽しかった。どんどん視野が広がっていった時期だったと思います。

中学3年生だった1970年も後半くらいになると、これまで激しかった学生運動や反戦運動も勢いがなくなり、沈滞していきました。〝いちご白書をもう一度〟じゃないですが、中学生のときに、新宿西口で知り合った大学生が、翌年に同じ新宿で、スーツ姿で「おい、君何やってんの?」なんて声をかけてきたけど、長い髪をバッサリ切って、背広にネクタイでずいぶん変身するなあと感心していました。やっぱりガラッと世の中が変わっていきましたよね。

定時制高校に行ったことは私にとって、とっても良かったと感じてます

全日制の高校には、すべて不合格だった私は、その後、定時制高校に行きました。定時制高校には、2次募集で合格したのです。こうして学ぶ場を得たことにとても感謝してい

ます。私にとって、とっても良かったと感じたんですよね。

私と同じ15歳で、経済的事情で昼の高校に行けない、だから東京に出てきて、昼間働いて夜学に通う同級生たちも何人かいたし、同じクラスの中に年齢が少し上の20代前半ぐらいの人もいるわけですね。年齢もバラバラな友人たちと、放課後の夜9時すぎに喫茶店で話をするのが楽しかった。

新宿高校の定時制というのは、あまりにも自由な学校で、私もびっくりしたのは、生徒会で文化祭に山本義隆（元東大全共闘議長）さんを呼んだんですね（笑）。確か、記念講演だったかと思います。学校側も一切干渉はないので、そんなことまでやっていたんですね。

定時制高校に通いだした私を客観的に見れば、それまでエリート校と呼ばれる中学校に通っていた、恵まれた坊っちゃんかなと思いました。学校で問題児扱いされたとか、内申書にひどいことを書かれたといっても、それは、恵まれた状態の中で迎えたコップの中の嵐でした。

学力はあったが経済的に進学できなかったという悔しさや、貧困や差別の中で育ってきたような人たちもけっこう多かったですから、クラスメイトの境遇を聞くたびに、自分は甘いなと、すごく感じましたよね。あたりまえのこととして、みんな働いて自活しているわけだから、私とは、そこが違う。こっちは働いていなくて、毎朝かなり遅く起きて、夜学の定時制高校に行って、働いているクラスメイトと議論だけして帰ってくるというようでは、自分はダメかもしれないと思い始めていました。

15歳の秋に自立しました。家を出て、自分でアパートを借りて、とにかく定時制高校に行っている以上は、他のクラスメイトと同じように自分で働いてお金を稼いで、それで生活してみようと試みたんですね。ひとり暮らしを始めた当初は、朝、起きることができず、寝坊してバイトをクビになったりしましたけど、だんだん昼の仕事と夜の学校のリズムに慣れ、それが軌道に乗ったとも感じてきました。

そんな思い出深い定時制高校時代でしたけど、苦い思いで17歳のときに、自主退学しました。

学校をやめた途端、自分の拠《よ》って立つところがないような空っぽの感じになりました

退学の経緯を話します。定時制高校の生徒で沖縄出身の漫画家志望だった女子生徒が亡くなるという事件があったんですね。１９７２年の秋に、ひとり自ら命を絶ったんです。この事件を知った24歳の定時制生徒会長を経験したことのある友人が、この事件と学校の日常に衝撃を受け、ひとりで思い詰めてハンガーストライキを始めたんですね。女子生徒が亡くなった翌日は、たまたま中間テストだったんですよ。

みんな、テストのことばっかり考えているし、小さな新聞記事にはなったけど亡くなった彼女のことは話題にすらならない。学校も何ひとつ言わない。同じ学校の生徒が亡くなっても、何もなかったかのように過ごしている自分たちは、一体なんなんだろう?と、自らに問うという訴えだったですね。

ハンガーストライキに入った彼の要求は、この事件に対して、「学校が責任を取れ」みたいな対決型ではなかったんです。「互いに考えよう」という自問自答型というか、行き

着くところがないハンストだったんです。彼の友人として私はそこで、学校の許可を得て、防寒用のテントを立てたんですね。11月だったので、寒かったんです。一晩、彼が過ごしてみてわかったんですが、外よりはいいにしても、テントもやっぱり寒いんですよ。

身体が冷え込んでしまっては、健康上問題があるだろうということで、定時制高校の生活指導の教師に「先生、学校に小屋を建てたいんですけど、いいですか?」と掛け合いにいったんです。「地面はコンクリートで冷たいので体育で使うマットレスを敷きたい、あと暖を取るためにコタツもあったほうがいいんで、電気を使っていいでしょうか?」とお願いしたら、先生は「わかった」と快諾してくれて。それで、礼をして立ち上がって出ようとしたら、「おい、保坂、ガスはいいのか?」と(笑)。「ガスは危ないからいいです」と遠慮しました。そういう雰囲気の学校でしたね。

定時制高校の生徒の中には、大工さんもいたので、みんなで力を合わせて、簡単な小屋を作りました。結局そこで、定時制の授業もいったん止めちゃって、「なぜ、同じ学校の生徒が生命を絶っても何事もなかったかのような日々が続くのか」と、みんなで話し合いをしたり、互いに問いかけるなどの試みをいろいろやったんです。それでも、内省的な呼びかけである「自らを問う」ということには、終着点があるわけもなく、ハンガーストライキはドクターストップで終わりました。後にはその小屋だけが残ったんですね。

当初は、非日常の産物で珍しかった小屋でしたけど、しばらく経てば日常の光景に溶け込んでしまい、さらに荒廃するのは目に見えています。外から批判される前に、このへんで壊そうと決め、その小屋に、みんなでロープをかけて引き倒して、バラバラに壊して、焚《た》き火をして終わろうということになりました。まるで、キャンプファイヤーのように、です。その火があまりにも大きくなり過ぎて——別に危なくなかったですよ、地面はコンクリートで（笑）、ちゃんとバケツもいくつも用意しましたし。でも、何件か通報があったらしく、その晩の生徒側の責任者として、消防署から手ひどく叱られましたよね。

日常の学校生活を一時的に止める非日常な運動を定時制高校でやってみて、力尽きて、シンボルだった小屋もなくなり、すべてが終わりました。一連の活動の責任者だった私は、学校と対立したわけでもなく、生徒の間で孤立したり周りから責められたわけでもなかったのですが、なぜか、「非日常」から「日常」へとは、簡単に戻れませんでした。私は、このハンスト以来、授業にほとんど出ていなかったので、どうやら2年生をもう1度やる留年となりました。けれども、私自身が日常に戻れなくなっていたんですね。まあ、カッコつけたといえばそのとおりなんですけど、自分がこの学校を去ることで、落とし前をつけようとした。後ろ髪をひかれるように、変なやめ方なんですけど退学したんです。この学校は好きだし、本音はすぐにでも戻りたい、とても愛すべきところだけれども、自分はここで去らなければ、というふうになったんですね。

意外だったのは、学校をやめた途端に、それまで感じたことのなかった感情――不安っていうか寂しさとかね、灰色の気分に襲われたことです。人間にとって、どこかに所属しているということが、こんなに大きなことなのかと思いましたね。

もうひとつ単純なことに気がついたのは、毎日終電近くまで喫茶店で誰かと話すことがあたりまえで、話す相手には事欠かない日々だったのが、学校に行かなくなってみると、1日中、誰にも会わないことになる。どうも約束をしないと、人とは会えないということになったんです。でもいざそうなってみて、アポを取って、誰かと会うんですけども、わざわざ改まっての話もない。なかなか話も弾まなくなってしまった。そういう意味では、なにか自分の拠《よ》って立つところがないような空っぽの感じになったんです。

孤独と向き合い、言葉探しに入ったんです

学校をやめた大きな理由は、深く考えると学校にはありませんでした。60年代後半からの学生運動の悲惨な帰結として、当時の連合赤軍事件とか、その後の学生運動が陥《おちい》る内ゲバが横行する時代が始まり、私自身は巻き込まれることもない定時制高校にいましたが、荒れすさんだ傾向に心を暗くして耐えられなくなったということがありました。学生運動の影響を受けていたので、世間的な言い方としては「挫折」したということです。これから学生運動に連なる活動を続けていったとしても、その延長線上で世の中が変わることは絶対にあり得ないと悟った途端、気力が失せてしまいました。

そして孤独と向き合い、言葉探しに入ったんです。これまで中学でも高校でも下書きなしでいろんな新聞やチラシとかを作っていたんですね。そのときには、文章は水道の蛇口を開くように溢れ出てきたんですけども、冷めた目で見てみると、どれも借り物の言葉であり、誰かの真似なんですよね。聞きかじった言葉や、誰かの文章をどこかで見て、わかったふうに書いているだけで、いわば、外部から注入された言葉に過ぎないので、自分の

言葉はひとつとして持っていないということに気づいたんですよ。

当時、渋谷駅前に〝らんぶる〟という名曲喫茶がありました。コーヒー1杯150円とかでした。古い椅子に腰を落として、ノートを広げ、3行ぐらい一生懸命書いて、「やっぱりこれはダメだ」と黒く塗り潰して次のページに書き始めたりして、2時間や3時間過ごすということを、ひとり苦行のようにやっていました。

暗中模索《あんちゅうもさく》していたときに、魯迅《ろじん》という中国の作家の文章に出会います。砂漠でめぐりあったオアシスのようにありがたく、感銘を覚えて、強い影響を受けました。たとえば魯迅の文章の内容はこんな感じです。

自分はバルコニーに出て、中国の将来を憂《うれ》いている。このままでいいのだろうか、国や民族の将来はいかにと考えていると、そこに1匹の蚊が飛んできて、自分の周りを回り始めた。いくら払っても捕まえられない。そうして、いつの間にか自分は中国の未来より、蚊を追うことのほうに熱中していた、という内容でした。建前としての理念と、思考をさえぎる1匹の蚊が同時に語られていることが新鮮でした。いわば「身体化した言葉」が語られてこそ、建前としての理念も本物となる――こんな受け止め方をしましたが、文章の深さと味わいに衝撃を受け、感動しました。

表層から深層に、身体感覚にどんどん降りていく魯迅のエッセイ・雑感文は、なかなか素晴らしいものがあって、何度も繰り返し読みました。彼は当局の追及をかわすために、いくつものペンネームを使いながら、新聞に短かい雑感文を書いて、腐敗した体制を激しく糾弾していきます。こんな文章もありました。あるとき、ベルが鳴って扉を開くと若者が魯迅の家の玄関口に立っていた。若者は「先生、本をください」と硬貨を握りしめていて、それが本の代金だった。魯迅は何も言わずに代金を受け取り、本を渡した。彼が去ったあと、自分の手の中には彼の握ってきた硬貨の温もりがずっと残っている。彼は明日のデモで傷つくか、もしかしたら命を落とすかもしれない……というような、読んでいて、深い部分で呼応し、共感できる言葉があったんですね。

私が出会った魯迅のエッセイの中に、「青年を殺すのはやはり青年である」という簡潔な文章があったんです。医学を学び、進化論者だった魯迅は、頭の固い老人が死に、進歩的な若者が社会の中心に出てくれれば、社会はよくなると楽観していましたが、やがて若者同士が衝突し、殺しあうという事態に直面し、これを嘆いたものです。この言葉にふれて、時代を超えて、まさにそうだと思いました。その文章がいつまでも頭の中に残って、若者が生きる舎という意味を込めて、青生舎《せいせいしゃ》という場を立ち上げました。学校に行くこともなく、誰とも会えない孤独な日々にも飽きたので、自分で若者の集まる場を作って、語り合ってみようという呼びかけを始めたということです。

時間がちょっと遡《さかのぼ》りますが、定時制高校に入ったばかりの頃に、当時、新進の映画監督がやってきて、企画しているある映画を撮りたいのだけど、出てくれないかと言われたことがあったんです。少年がロバに乗って日本を一周するという話で、その少年役をやらないかという依頼でした。

私はお断りしました。内申書によって自分は思い切り排除された以上、多少は無理な険しい道も、逆風を受けて進んでいきたい、地の底に降りて、そこから登り始めたいという気持ちだったから。映画の主人公になることは、確かにおもしろそうだし、刺激的ではあるけど、地の底から途中でワープするような試合放棄になり、タレントみたいな特別な存在になるというのは、そぐわなかったですね。同じ理由で、文章を書く仕事をしないかという親切なお話も突っ張って断っています。当時はストイックだったと思います。

定時制高校を中退することになったときも、海外留学したらどうだと心配して勧める人もいたんですが、これまた同じ理由でやらないと決めていました。大学入学検定も受けないで、社会からドロップアウトした場所にちゃんと落ちていって、そこから自分の力で這い上がった上で、社会に自分の声を届けたいという、オリジナルの「人生スゴロク」のコースを決めていたんですね。

当時の意識の中にあったのは、自分自身を使った人体実験でした。社会の水は甘いのか、辛いのかを、身をもって確かめ、裏道とか抜け道とかに引き込まれず、正々堂々と自分の力で進み、試し、切りひらいて道を見出したい、そういう気持ちだったんです。

社会を変えようということ自体を捨てるべきではないと思っていたんです

10代の後半は、高校全共闘をやって進学や就職をせずに、何かを始めようと模索する人たちとよく語り合いました。その後、彼らは後に大きくなる生協を組織したり、農業をやったり、弁護士への道を歩んだりと、それぞれが「高校時代の志《こころざし》」を捨てず、それぞれの生き方を展開させていきます。

方向感覚を失っていた私も、彼らと話し合う中で、やっぱり社会を変えようという思いは、正しかったんじゃないかと結論づけた。ただ、あまりにも自分たちは無知で、社会を知らず、未熟だったことも自覚します。恥しくなるほど変え方も浅く、知識や技術のなさとか、無力さと直面しました。過去の学生運動の経験やスタイルはもうご破算にしたいけれども、社会を変えようという志を捨てるべきではないと考え直した時期でした。

その時の、とにかく自分の言葉を作らなければならない、借り物じゃない、自分だからこそ語れる言葉を見出さなければという思いが、今になってみれば、「せたがやＹＥＳ！」という言葉を生むことにもつながったのかもしれません。

ともかく、私はなぜか句読点の打ち方から、送り仮名のつけ方まで、言葉の使い方にこだわっていました。喫茶店に入り浸って、数行書いてはノートを閉じ、また数行書いてはノートを閉じという「ひとり苦行」をずっとやっていたことは、そのときには、とりあえず何の役にも立たなかったですが（笑）。

ただ、思わぬチャンスがやってきます。1979年ぐらいですか、『宝島』が四六判の小さな判型の月刊誌だった頃、毎号100ページの特集をやっていました。その100ページの原稿をすべて書き下ろしてくれないかという依頼がきました。私の文筆家デビュー、商業雑誌からの初めての執筆依頼というのが、実はこの大きな仕事だったんです。10代後半のメディアへの登場を抑えるという気持ちは消えていました。

テーマは、沖縄のミュージシャンの喜納昌吉さんを描くドキュメントをやってみないかというもの。思い切り時間をかけて取材して書き下ろしてくれという依頼で、これは最高の仕事で、おもしろかったですよね。コザ市（現・沖縄市）にある喜納昌吉さんの家に住み込んで日常をともにして、対話しながら動き、また旅をしました。数ヵ月の取材後、原稿は雑誌の締切寸前にあっという間に書けました。ひとりで言葉をいじくっていた、ほとんど誰も評価しないひとり修行をやっていたことが、思いもよらない形で活かされたと感じましたよね。

先ほど由来にふれた青生舎ですが、1979年、大学生と一緒に、六畳と四畳半のアパートを小田急線の豪徳寺（世田谷区）に借りて、そこで活動を始めていました。

内申書裁判は、法廷が3ヵ月とか4ヵ月に一度、開かれるんですね。そうすると、そのたびに、教育問題を日頃考えているような教員や学生がやってきました。裁判をきっかけにした人たちが集まって、月に一、二度は話し合いをするようになっていったんですね。

その青生舎も、町田に一軒家を借りて、何人かで農業をやろうかという話もありました。当時、消費社会に埋もれるのではなく、自分の生き方を創る方向として、農業に挑むというのもトレンドでしたよね。ただ、喜納昌吉さんとの出会いがあり、音楽表現や文化のほうに重心を移していきます。

青生舎の活動は、軌道修正されて、1980年頃には、飯田橋にあるビルの一室を拠点とします。その頃には1980年代に入って創刊された『80年代』（野草社）という雑誌に関わりながら、反原発をテーマにした講座に高木仁三郎（物理学者。原子力発電の科学的な不安定性やプルトニウムの危険性など、警鐘を鳴らし続けた）さんを講師に招いたり、ポスト全共闘世代というか、その頃の大学生活に飽きたらない学生や、若者が集まる場となっていったんです。

私は中高生の子どもたちとだけ喋っているような毎日を送りました

そして1980年代に入ると、今度は校内暴力の問題がメディアをにぎわすようになるんです。暴走族文化の影響を受けたいわゆるツッパリですよね。当時、町田市立忠生中学校というのが有名になったのを覚えています。かなり見た目も異様で、言葉遣いも乱暴で、一見すると手がつけられない「荒れる中学生」たちがいました。教師をはじめ、誰もツッパリの連中とは関わらない状態だったんですが、取材に入った私はなぜか彼らと話ができて、一晩をともに語り続けたりして、付き合っていたんです。

この学校の卒業式には、何か起きるに違いないと大勢のマスコミが学校の前に詰めかけてきたんです。テレビ局まできて、実況中継しているんですよ。で、ワイドショーのレポーターが、カメラに向かって「今のところまだ騒ぎは起きていません。現場からは以上です」なんてレポートしていました。

私は、10代の少女たちを読者にしている雑誌『セブンティーン』の取材で、現場に行ったんですね。卒業式が終ろうとしている時、この中学の先生から、「保坂さん、卒業式が終わったら、あの子たちをお願いします」なんて頼まれたりしました。マスコミから守ってやってほしいということだったらしいですが。

やがて式が終わって、ツッパリたちも校門から出てきました。

彼らは、大暴れするどころか、生徒指導の先生と抱き合っておいおい泣いていましたよ。「先生、今までありがとう」って言って、涙をぬぐいながら抱き合ったり、マスコミが期待していたような暴力的な言動は一つも起きず、いかにマスコミが予断と偏見で見ているのかを証明する結果になりました。私は、彼らの話をたっぷり聞いて、「ツッパリたちはおいおい泣いた」と当日の記事を書いて掲載したら、ものすごく反響がありましたよ。『セブンティーン』の読者は、中高生で同世代ですからね。そういう記事を書くと、せきを切ったように反応がありました。

学校現場の取材をして雑誌に記事を書き、中高生を読者とした本を出すようになり、青生舎には、高校生、中学生が集まるようになって、私は、ほとんど中高生の子どもたちとだけ喋っているような毎日を送りました。その頃は、代々木駅の近くの3LDKのマンションでしたが、すっかり若者たちのフリースペースとなり、無料で使える放課後の居場所のような状態になりました。

当時は、教育問題・学校事件が大きく取り上げられるような風潮でした。「教育現場の荒廃」は常に政治・社会問題として論じられました。しかし、現場の子どもたちの声は、先にふれたようにメディアの報道とかけ離れている……。私たちは、そこで『学校解放新聞』という月刊のタブロイド版新聞を発行するようになりました。その内容はメディアでも、たびたび大きく紹介されるようになり、教育に関心のある研究者やジャーナリストや高校生・大学生で編集部を作り、ワイワイやりながら発行を続けました。すると、今度は地方からも家出同然で若者がやってくるようになって、説得して親元に帰したりとか、そんなことまでやっていましたね。

青生舎はほとんど、若者たちの総合相談所みたいになっていたんです。子どもたちに何か起きている。教育現場が大変なことになっている。こうした中高生や若者の生の声が渦巻く場となっていきました。テレビにも関わるようになりました。一時は、1週間の特集番組が編成されて、それが「今、教育は」というテーマで、その企画・構成を引き受けたりもしました。日々、取材を進めて、雑誌で原稿を書いて、本を出版して、講演で全国を回りました。その収入をほとんど、青生舎の維持と運営につぎ込むような毎日でしたね。

子どもたちのことに関わっていたのは、15年くらいだと思います

中学生や高校生と話しながら、彼らの悩みや肉声の中に、写し鏡のように昔の自分を見るようなものでした。彼らの持っている思いに共感しながら、一緒に考えていく部分はたくさんありました。

ツッパリたちの取材の中で一番よくわかったのは、彼らは学校が好きなんですよね。他の子どもたち以上に好きなんですよ。彼らの話をよく聞いていくと、たとえば気がついたら先生が自分のことを見てくれなくなった、席順に指名されて答えていく場面で、自分の前までできて、どうせ問題解けないだろうと、先生が自分を飛ばして次の子を指したときに悲しかったとか、そんな話なんですね。

インタビューで子どもたちと話していると、彼らが真顔で言うことが何度かあったんですね、「こんなに長く人と話したの初めてだよ」と。私のほうは取材だから真剣にメモを取りながら、ちゃんと聞いている。

彼らツッパリの子たちというのは、まだ良かったんです。目立ちたい彼らはひと目見れば、隠れていようとしてもすぐ見つけられる（笑）。問題はその次の「いじめの時代」ですね。

校内暴力や非行対策で、全国的に学校現場で管理教育が始まります。やがて、大人から見た問題児は見えなくなり、教育現場の問題は表から隠れていき、見えないところで陰湿化して、いじめに転じていきます。

ツッパリはある意味、でっぱりだったんですね。その後、彼らは職人や社会人になり、けっこうたくましく生きている。ところが、いじめに苦しんでいる子は話を聞こうにもなかなか大変で、傷が深くて言葉も重くなります。直接話すんじゃなくて、細かい字でびっしりといじめの経過について、恨みつらみが書かれているノートを1冊丸ごと渡されたり、長文の手紙をいくつも受け取りました。これまでは、外に向かって発散されていたエネルギーが、今度は内側に向かって吹き荒れます。

子どもたちの現場に関わっていたのは、結局1980年から、1995年までの15年くらいでしょうか。その後半は、ほとんどいじめの問題を扱っていた気がします。そして、いじめの問題に取り組んでいるうちに、自分の役割と仕事のやり方に、壁を感じていきます。

子どもたちに必要なのは、レスキューだ

取材に講演にと忙しくしていた最中に、私にとって大きな転換点となるアクシデントが起きるんです。交通事故にあって、大ケガをするという体験でした。

大きくカーブした道路に面しているガソリンスタンドから、ドライバーが合流するため、後方だけを見て、まったく前を見ないで突進してきた車にはね上げられて、アスファルトにたたきつけられました。とっさの受け身で頭は守ったものの背中を強打した私はかなりの重傷で、絶対安静の寝た切り状態で2週間、都合40日くらい入院することになります。

1994年の10月でした。私は38歳でした。病院のベッドに伏している時に、大河内清輝くんという少年が、いじめを苦に自宅で自殺するという事件が起きます（愛知県西尾市中学生いじめ自殺事件）。

小学生の頃からいじめを受けてきた大河内くんは、川で溺れる寸前の状態まで追いつめられ、恐怖のとりこになり、加害者の同級生たちから金品を要求されるようになり、お母さんの財布からお金を抜き取って渡すようになります。それが積もり積もって100万円を超えて、もう返せないと遺書に書いて、庭の木で首を吊り亡くなるんですね。

入院している私のところに、コメントを求める取材が何社かからきました。NHKからは、ディレクターが病室までやってきました。私は、事件の受けとめ方について、「よくいじめ110番という話をみんなしているが、それは間違いだ」と答えたんですね。

事故にあった私が警察官と会ったのは、入院してから1週間も経った後でした。あたりまえですが、傷ついたケガ人にとって、まず必要だったのは、救急車だったんですね。

いつものことですが、事件が起きると、「誰が悪かったか」という議論が始まります。先生が悪い、親が悪い、いや、子どもがヤワだったという責任のなすり合い、エンドレスの犯人探しが繰り返される。誰かのせいにすれば、問題は解決するのかというと、子どもの危機は変わらない。この発想を変えることが大事だと、話したんですね。

必要なのは、「119番」でレスキューだ。いじめに悩む子どもがこれ以上生きていけないとSOSを出したとき、子どもが駆け込める場所、アクセスできる電話、具体的な受け皿を作って、危険回避をして生命を守る、そういう仕組みを作らない限り、これからも、犠牲者は出てしまうのではないかという話をしたんですね。

話を聞いて、うなずいていたNHKのディレクターが、今の話を『クローズアップ現代』でしてくれと依頼してきたんです。私は入院していて動けないような大ケガだったので、それは無理だと思ったんですが、確認のために医者に聞いてみてほしいと頼んだ。医者のほうからも、確かにリスクはあるが、出演することは社会的意義があるのではと言われました。

結局、ストレッチャーに乗せられ横になって、ワゴン車でNHKのスタジオまで行って、横になったまま、キャスターの国谷裕子さんと打ち合わせをして、収録のときだけちょっと起こしてもらって話すというような格好で発言しました。放送後、すごく反響があったのを覚えています。

病院に戻り、入院中の私は次にニュースで、NHKロンドン総局にいた記者が、イギリスのいじめ問題を取材したレポートを観たんです。イギリスの教育省がいじめをなくすためのキャンペーンCMを作っていたり、民間団体がいじめから逃げる方法を紹介していたり、あるいは、友だちとの関係がこじれてしまったときに、それを修復する方法を整理し直すロールプレイングゲーム方式のプログラムを紹介する内容だったんですね。

私はすぐに記者に連絡をとって、退院後ほどなくしてロンドンに行くことにしました。そこでチャイルドラインに出会うのですが、交通事故での入院というのは、いじめの問題が社会的にもう一段関心が引き上げられて、自分自身も身体と生命が危機にさらされることで、いじめ論議の座標軸を提出していった出来事でした。つまり、ジャーナリストという批評的な立場から離れて、具体的な行動に一歩進んだ、そういう感じがしたんですね。

イギリスでチャイルドラインが始まったのは、80年代のBBCのテレビ特番が発端でした。子どもたちが大変なことになっている、そんな問題意識でテレビ特番が作られて、番組中に特設電話が設けられたんですね。番組で直接、子どもたちからの電話を受けるという企画でした。この番組を放送したら、特設電話が鳴り止まなかったそうなんです。電話の内容は、いじめも含め実にさまざまだったと。

そこで、ＢＢＣの看板キャスターが、「このまま終わらせないで、続けましょう」とテレビで呼びかけたそうなんです。共感とともに寄付が集まって、ダイアナ妃も共感してキャンペーンに自発的に加わり、その輪がどんどん広がっていき、その結果できたのが、チャイルドラインで、子どもたちからの電話を24時間受けるサービスです。ここで、子どもが話した内容はきちんと記録して、分類して、たとえば虐待であれば後で裁判にも使えるようにしておくという工夫もされています。

おもしろいと思ったのは、子どもの声を社会に反映させる取り組みです。チャイルドラインでは、子どもの声が無数に蓄積していくわけですよね。子どもの声を集計して分析した上でチャイルドラインが年間レポートの作成の中で、社会への問題提起を投げ返していく。子どもたちは今こういうことを感じている、悩んでいるのは、このテーマだという膨大なデータは、チャイルドラインに集約されて、社会的に問題提起することができるんです。

こうして集められた声の中で、たとえば、「テストの点が悪い」と悩んでいる子が多いとクローズアップされます。すると、チャイルドラインが、その悩みを掘り下げる特設企画を立てて企業がスポンサーとして協賛してキャンペーンを展開します。ちなみにテーマは、「テストのトラウマ」でした。

日本で市民団体がやっていることとは雲泥の差があり、子どもについての取り組みが細かくシステム化されていて、すごかったですね。

ジャーナリストとしての批評的な立場から、世田谷区の地域活動に一歩入り込んだのは、「いじめよ、とまれ」キャンペーンでした

そのチャイルドラインを、日本でもやろうということになったんです。たまたまそれが世田谷区で、キーマンになられたのが、俳優の牟田悌三さんでした。2009年に亡くなられましたが。

牟田さんが、後に中央教育審議会の委員に選任されて、いじめ専門部会に参加されたことがありました。牟田さんはボランティアのことについては第一人者だったんですが、いじめについてはまだ明るくなくて、そこで参考意見を聞かせてくれと、私が呼ばれたんですね。そこで、牟田さんを代表として、世田谷区に協力してもらって、親たちが大勢参加するシンポジウムや、子どもの声を集中的に集めるイベントをやったりしました。そういう企画のひとつに、「いじめよ、とまれ」というキャンペーンがあって、世田谷区教育委員会の協力の上で行なわれました。確か1995年頃だったかと思います。

この企画の実行委員会には、いろんな人が集まりました。児童館で中高生と向き合っている人、プレーパークの運営スタッフ、塾を経営している人、学校の先生、そして親たち。その数も回数を重ねていくうちに、50～60人くらいの規模になりました。事務局長として私が言ったのは、いわゆる教育論を戦わせるのはやめましょうと。今ここにみなさんが集まっているのは、今は子どもたちが追いつめられたら死んでしまうような社会なので、そこを何とか変えたいとの思いで一致しているはずです、この一致している輪を大事にして、各人の教育論の違いは埋めないというルールを作ったんですよ。

もうひとつ私が呼びかけたのは、自分の発言に責任を持たないでくださいということでした。普通は逆のことを言われるのですが、自分の意見に責任を持とうとして、互いに譲れずに衝突しても不毛です。あくまでも議論の目的は子どもの救出です。だから、自分で言うことも、他の人の意見を聞いて、どんどん変わっちゃっていいですと。今の言葉で言えば、集合知を目指したということですね。こうして、たくさんの人が、夜3～4時間の実行委員会を開いて、合計で30回も会合を持ち、話し合って、結果、シンポジウムはとてもうまくいったという達成感がありました。親も教員も子どもたちも参加して、区も教育委員会も加わって、一緒にやれたという実感がありました。

これが最初だったと思います。教育ジャーナリストとしての批評的な立場から、世田谷区の地域活動に一歩入り込んで、責任の一端を引き受けたというような体験です。

教育委員会がダメなんだ、学校がよくないんだとか、そういうことを言った途端に、みんな閉じてしまうんです。そこから、議論が堂々めぐりになってしまうんです。

ただ、その当時、現実にコミットして政治家になって、実際に社会を動かす立場になろうと考えていたかというと、むしろ逆だったんです。世田谷区内の地域活動に手応えがあり、逆に政治は遠のいたと感じていました。

ところが、まったく予想もしない展開で、土井たか子さんから突然電話がかかってきて、国会の場に入っていったというのは、先にお話しした通りです。

そういえば、当選して間もないころの話です。のちに広島市長になる、政策通の秋葉忠利さんと、蕎麦屋に入ったことがあって。連立政権に社民党も入るのか否かの瀬戸際の時期で、与党の政策協議を行っているさなかの日でした。

そのとき、蕎麦を食べながら秋葉さんが、明日の朝に連立政権構想を決める会議に出るんだけど、何か教育政策でアイデア出してよと言うんですね。「いつまでですか？」と聞いたら、「いや、今じゃないと間に合わない」と言うので、蕎麦屋の箸袋に、こう書きました。

「いじめ等に悩む子どもたちの声を受け止めるため、24時間ホットラインの整備を始めとした緊急の取り組みを始める」。

秋葉さんは、「そうか、わかった」と言って、そのまま翌朝の連立政権協議の会議に持って行ったんでしょう。その後、自民、社民、さきがけの3党合意と新聞に出ていた政策合意事項に私の書いた文章がありました。そして、文部大臣から連絡がきて、「例の電話相談の件だけど、話を聞かせてくれ」という話につながっていきます。政治の世界はおもしろいなあと思いましたよ。

10代の頃に私はアウトサイダーだったんです。その経験をもとに、ツッパリの話を聞き、いじめの話を掘り下げていました。そのうち、メディアでレポートするようになり、現場が手に負えなくなったという状況の中で教育委員会に呼ばれて講演するようになりました。だから、その時点では、インサイダーではないにしても、ただの批判者という立場ではなかったんだと思います。アウトサイダーだったのが、いつの間にか、インサイダーとの間の媒介者になり、さらに奥へと。そういう場面だったんだと思いますね。

今の自分の原点には「中学生の自分」があります

今ふり返ってみると、常に原点にあったのは、中学生の頃の強烈な自我形成だったのかなと。

自分がかくあるべきと思う生き方と社会があって、しかし、それを認めてくれない現実社会がある、その対立構図を出発点として、模索が始まり、その構図のいろんなバリエーションを経ながら、最終的には、社会を具体的に変えるという、政治の世界へ進んでいく。この進み方というのは、終始一貫していたんだと思いますね。

私は、世間的には議論を好むタイプと思われているんですが、どちらかというと実務で結果を出していくというほうに、大きなエネルギーをいつも使ってきたんですね。

今、区長という立場で、成人式とか卒業式、入学式に出席して、新しい世代の子どもたちにメッセージを贈る機会があります。その時に言っているんですが、壁にぶつかったり、真っ暗な気持ちになってさまよったりする、そういう時間もやっぱり大事だということですね。ひとりぼっち、孤独というのは、それ自体は寂しいかもしれないけど、時に必要なことでもあるという。いずれ、人間は誰もがひとりになるんだから。

私のことでふり返れば、まさに壁にぶつかって、真っ暗な気持ちのままさまよっていた時に、中学校時代に考えた将来を予測する幼稚な図が、自分を導いたと思いますね。つまり、いい高校に入って、いい大学に合格して、いい会社に就職して、それから管理職になって、気づいたら定年で退職ということになって、一度も自分のやりたいこと、自分から発信するということができないままの人生ではどうしようもない。そして、そんな人生、そういうひとつの価値観だけしかないというのは、あまりにも貧しいとの思い、ですよね。

中学生の時点で、それなりに結論として出したあの見取り図を参考に、今もやっていますよね（笑）。

育った環境もよかったんだと思います。父親が偉かったと思いますが、いわゆる親の考えというものを押し付けられた記憶がないんですよね。何につけても「君はどう思う?」とか「君の意見は?」と聞かれていました。「お前」というふうには呼ばれたことがなくて、いつも「君」と呼ばれていました。そういうところは、たとえ幼かろうが、ちゃんと扱ってくれたと思える点ですよね。

父はNHKで資料調べが専門だったので、いろんな質問をぶつけると、たとえば「宇宙の果てはどうなっているの?」とか、「どうして日本の鎖国は続いたの?」とか、父が即答できないような質問だと、時間を割いて調べてくれて、2、3日後にその調査結果のメモを渡してくれていました。それは今考えると、すごいことだったなと思います。

そうやって、私の中に、「疑問には必ず回答が用意される」んだという、それは可能なことなんだという、何か世界に対する信頼感のようなものが醸成されていったんだと思います。

もちろん私にだって、何ひとつ展望のない、絶望的な時期もありました。高校を辞め、仕事も転々と変え、落ち着きどころのない時期もありました。そんな時期の私というのは、外から見れば何の展望もない若者で、どうしようもない存在だったと思うんです。

それでも、自分の基盤が最終的には揺らがなかった、動じなかったというのは、やっぱり、幼い頃に私の存在をしっかり承認してもらって、そして、世界に対してもなにがしかの信頼を持てていたということが、大きかったんだと思います。

あとがき

なぜ「NO!」ではなくて「YES!」で語りかけたのか?

2015年4月の世田谷区長選挙で、徒手空拳で武器はただひとつ「言葉」のみ、道具は1枚のチラシだけで、「なぜ脱原発区長が得票率67%で再選されたのか」という疑問に、たっぷりと時間をかけて答えていったのがこの本のスタートラインでした。

ところが、区長選挙で有権者に問うた「政策と実績」をひとつひとつ抽出していくと、「3・11」の東日本大震災と東京電力・福島第一原発事故に立ち戻り、そもそもなぜ区長選挙に突然、立候補したのかを語りだすことになります。すると、国会議員として足かけ15年間、「国会の質問王」とまで呼ばれて質問を続けていた当時に集積した活動も語りたくなり、さらになぜ、政治家になったのかを1996年9月の解散・総選挙にさかのぼってふり返ることになります。

さらに、時計は逆にまわります。そもそも、大学の法学部で憲法判例として学ばれることになった「内申書裁判」とは、私が14歳から15歳にかけて中学生として行った「政治活動」を内申書に記載されたことから、1972年に提訴して16年間争われた裁判です。まずは、なぜ内申書に記載されるような「問題少年」となったのかをふり返り、中学卒業後に定時制高校に通ったことから、やむなく中退したこと、さらに、孤独な10代後半でひとりで「言葉」と格闘したことや、やがてジャーナリストとして中高生の現場を取材し、記事を書き続けたことにも言及します。

3日間にわたって通算十数時間にわたるインタビューが終わってみると、14歳からの私の半生を語り終えていたということになっていました。言うまでもなく、中学生の時には、現状否定の塊で、否定に否定を重ねる「NO×NO」の状態でした。それが、いつから「YES!」に転じたのかを思い返してみると、23歳（1978年）の時、沖縄への旅で濃密な文化と時間を体験してからだったと記憶しています。

それまで、社会の歯車と噛み合わずに、20歳前後に、ひとりこもることが多かった私は、疑い深い若者で、私自身を支える大きな柱は「NO」でした。その私が、沖縄で、ミュージシャンの喜納昌吉さんに出会い、夜を徹して幾晩も語り明かしていきます。

沖縄の音楽にふれ、信仰を学び、死者と生者の分け隔てのないニライカナイの世界観を知ります。はっきりと今でも覚えています。1978年、那覇市民会館の喜納さんのコンサートで、白髪の老女がステージに飛び乗り、軽妙にカチャーシーを踊る姿を見て、私の身体の中で凍てついていた何かが溶けだしました。「NO」で囲われた氷点下の箱の中に封じ込めてきた感情が噴き出して、滂沱《ぼうだ》の涙が頬を伝いました。

私の心の奥底で「YES」が芽吹いたのが、この時でした。疑うことなく素朴に「いいなあ、このひとときは」と思いました。いったん「NO」の一部を溶かし始めた肯定の力は、血のたぎりにも似て私自身の心を温めてくれました。これまで、何かに期待しては裏切られ、誰かに注文をつけては満足できずに不愉快になり、という悪循環にはまっていたかもと気づきました。

私は、1980年前後に、たくさんのコンサートやイベントの主催者になりました。準備期間には資金もなく、あるのは情熱と体力だけという若さにものをいわせて、周囲の若者たちの力を結集してイベントを次々と成功させていき、社会運動に新しい波をつくろうとしていました。この頃、周囲の仲間たちにつぶやいていたのは「ポジティヴ・バイブレーション」でした。その意味するところは、「否定から肯定へ」でした。

すでに誰もが知っている言葉になっている「元気印」は、そんな思いを込めて、誰もがより日常的に使えるキャッチフレーズとして、私が生んだものです。ネガティヴな否定的現実だけを投げつけるような言い方や考え方をやめて、ポジティヴにイメージを増幅できるキャッチフレーズが欲しかったのです。80年代が始まる頃のことです。

1982年に芸能誌の月刊『明星』から学校での事件や子どもたちの現場からのレポートを依頼され、その連載の通しタイトルが「元気印レポート」でした。「元気印」はやがて、集英社の芸能本のタイトルとして使われ、『朝日ジャーナル』の編集長だった筑紫哲也さんが「元気印の女たち」という連載を始めたことで、世の中に広がります。実は、「せたがやYES!」の言葉の川の源流をさかのぼると、この「元気印」に行き着きます。

『明星』は当時、180万部という巨大な発行部数を誇る雑誌でした。私の連載は、始まるやいなや大きな反響を呼びます。私は、原稿を書く時に、学校の教室の隅でページをめくっている子どもたちの姿を想像して、かならず中高生に届けたいという強い思いをこめて記事を書き始めました。また、同じ年に当時週刊だった『セブンティーン』にも、学校での事件を中高生の女の子たちに届けるドキュメントを書き始めます。この雑誌の誌面は総ルビで、最年少の読者は小学校5年生という想定で記事を書き続けました。子どもたちの心に届く言葉、中高生の日常と共振するルポを心がけました。

毎月4〜5回は、神保町の集英社で原稿を書き、徹夜で入稿し、朝方になって車で帰るような生活を80年代前半から約10年間続けました。言葉は子どもたちに届き、同世代や年長といった大人とは編集部で会うだけで、中高生とだけ向き合い、語り合うような日々を過ごしました。この多くの記事を支えていたのは、「否定的現実」のネガティヴな問題提起だけで記事を終わらせない、という自分自身でつくった鉄則でした。どんなに薄い光でもいいから希望を語ろう、そして可能性を探ろうというものでした。「こんなにひどいぞ」と脅かして終わりというような、大人向けのドキュメントの手法は使えません。

10年もの間、学校事件の現場に関わり、ルポを書き続けた原動力は、私自身の中学生の頃の原体験がバネになっていたのだろうと思います。ただし、教育ジャーナリストとしての活動をへて、後半は各地の教育委員会からも「いじめ」をテーマとしたシンポジウムや講演に呼ばれるようになったので、学校教育に対しての「ネガティヴな感情」は、ほとんど溶けて消失していきます。

1996年秋に、政治家になって以来、20年になります。力と力がぶつかり合う究極の権力闘争の渦中にいながら、私の「YES」はどこへ行ったのかと思い起こせば、超党派の議員立法の事務連絡・課題調整の現場に宿っていました。児童虐待防止法は、2000年に小渕恵三首相が急に倒れて「解散・総選挙」にいたる短期間のうちに議員立法として成立しました。

この時、役に立ったのは超党派の「チャイルドライン設立推進議員連盟」でした。子どものSOSを受け止めるイギリスのチャイルドラインを目標にして、日本でもその設立を準備するために、後に文部科学大臣や内閣官房長官を歴任した自民党の河村健夫衆議院議員を会長として、私が事務局長として奔走しました。教育や子どもに関心のある与野党の議員が結集していて、議員連盟の目標がしっかりとあったので、「児童虐待防止法」という新たな課題に取り組む足場になりました。

国会での議員立法は、波打ち際に子どもの頃につくった砂の城にも似て、仕上がる直前でも、解散や政局という波が無慈悲に押し寄せます。だから、事務局長的な役割を担う者は、まず粘り強くあきらめないことが必須です。さらに、超党派の議員立法ですから、一党一派の成果になるようなものであってはならず、マスコミに対しての情報管理に細心の注意が必要です。そして、できあがったら「みんなの成果」、失敗したら「私の責任」という腹のくくり方が必要です。幸い、児童虐待防止法は成立し、しかも私はその後に2回にわたる見直し改正を、現在の馳浩文部科学大臣と一緒に超党派の立法チームで取り組む機会にも恵まれました。

超党派の議員立法とは、政局を読みながら、関係省庁の担当者と国会の法制局、国会図書館のシンクタンク機能等を使い、各党から参加する議員と知恵を出しながら協力し、最終的に調整を終えて「全会一致」で法制定するという難しい作業です。いくつも連なる小さな針の穴に、1本の細い糸を通していく職人芸的な仕事でもあります。私は、「最大公約数は必ずはじきだせる」という信念のもとに、調整役に徹しました。それは、子どもたちの未来にとってよりよき現実をつくりたいという強い思いからでした。

こうして、ふり返って見ると、「せたがやYES!」というキャッチフレーズが生まれたのは2014年春だけれども、ここにいたる発想の根はずっと以前から持ち続けてきたことになります。

機は、十分に熟してきました。私自身の中で芽吹き、幾多の試練をへて、姿を見せ始めた「せたがやＹＥＳ！」を、力強い思想として具体化し、まだ見ぬ仲間たちと共有の輪を広げ、自信と希望を持って、ポジティヴな価値軸を中心にすえて、この国をつくりかえていく仕事を始めたいと思っています。

本書をまとめるにあたり、忙しい日程を割いて、長い時間をかけて話を引き出していただいた渋谷陽一さん、遅れがちな推敲作業を励ましながら編集してくれた宮嵜広司さんのおふたりの熱意に感謝の意を表します。

日々の出来事、政治や社会の動きに対して、毎週、ニュースサイト『ハフィントンポスト』にブログを書いています（http://www.huffingtonpost.jp/news/hosakatenjin/）。バックナンバーを検索していただき、保坂展人の今をお読みいただければ幸いです。

２０１６年７月14日
保坂展人

写真：吉場正和

保坂展人（ほさか のぶと）

1955年11月26日、宮城県仙台市生まれ。父親の転勤にともない上京、麹町中学校卒業時の「内申書」をめぐり、16年にわたる内申書裁判の原告となる。新宿高校定時制を自主退学後、若者たちが集まるフリースペース「青生舎」を運営するかたわら、教育問題を中心に取材・発言するジャーナリストになる。

1980年代半ばから、ミスターボランティアこと故・牟田悌三さん（2009年没）とともに、世田谷区と共同で「いじめ」問題に取り組む。1996年11月、衆議院議員初当選。2009年までの3期11年で546回の国会質問に立ち、「国会の質問王」との異名をとる。その後、総務省顧問を経て、2011年4月の世田谷区長選挙で初当選。2015年4月再選。

世田谷区長としての取り組みをまとめた、『88万人のコミュニティデザイン』（2014年・ほんの木）、『闘う区長』（2012年・集英社新書）ほか、著書多数。

ツイッター・アカウントは@hosakanobuto

インタビュアー　あとがき

保坂展人を一言で表現すると、少年性ということになる。僕はそう思っている。

政治家と少年性というのは、余り一緒に語られる言葉ではない。いろいろな局面で大人であることを要求されるのが、政治の世界だと考えられているからだ。大人であることが政治家としての要件、そう考える人は多い。しかし、そうなのだろうか。政治と少年性は、決して矛盾するものではないと思う。というか、少年性は政治家にとって、とても重要な資質なのではないか。少年の持つナイーヴさ、正義感、理想主義、それは本来的には政治の基本エネルギーとなるべきものだ。

僕が保坂展人を知ったのは、この本にも書かれている内申書裁判によってだ。まさに保坂さんが少年であった時だ。保坂さんが少年らしい正義感で、社会と向き合い闘った裁判である。その闘う姿勢も鮮烈だったが、まるでロック・スターのようなルックスも鮮やかな記憶として残っている。僕にとっての保坂展人のイメージは、その時に決定づけられ、今も変わっていない。僕は保坂さんより4歳年上なのだが、お互い20代のときに面識を持つことになる。実際にお会いした保坂さんはイメージどおりの人で、そこから長いお付き合いが始まった。しかし、友人というよりは、遠くから活躍を応援するという距離に僕はいた。選挙や何かの折に会うと、保坂さんはやはりいつも少年のようだった。その度に、僕は嬉しくなった。

そんな保坂さんが、少年から大人になったように見えた時期がある。それは、所属する社民党がどんどん少数政党になり、明確なメッセージを打ち出せないまま組織として硬直化していった時期だ。きっと保坂さんはその中でいろいろ闘っていたのだと思うが、僕は保坂さんはひとりになるべきだと考えていた。会う機会があると、僕は何の事情も知らないまま無責任に社民党からの離党を勧めていた。

そんな時、突然、保坂さんが世田谷区長に立候補するというニュースを知った。とても驚いた。そして、当選したことにもっと驚いた。

僕は、『SIGHT』という総合誌を創刊し、保坂さんにインタビューする機会が多くなった。久しぶりに会った保坂さんは、前より少年っぽくなっていた。区長というポジションは、保坂さんにとっての政治のリアルを実現するとても良いものだったのだと僕は思った。区民もそれを感じ、たくさんの票によって保坂さんを再選させた。

今、日本の政治には、肯定的メッセージがない。保坂さんがその中で「せたがやYES!」と訴えたのは、素晴らしいと思う。そして、「せたがやYES!」を生んだのは、保坂さんの持つ少年性、そこから生まれた理想主義だ。その全体の物語をひとつの本にしたい、それが僕がこの本を保坂さんに作ってもらいたかった理由だ。

渋谷陽一

脱原発区長はなぜ得票率67％で再選されたのか？

２０１６年８月10日　初版発行

著　者　保坂展人
発行人　渋谷陽一
発行所　株式会社ロッキング・オン
　東京都渋谷区桜丘町20－１　渋谷インフォスタワー19階
　電話　０３－５４５８－３０３１（代表）

装丁・デザイン　関万葉
印刷・製本　　大日本印刷株式会社

ISBN978-4-86052-124-0
価格はカバーに表示しています。